KB259794

발트3국의 역사 · 문화 · 언어

발트3국의 역사 · 문화 · 언어

발트3국의 문화와 문학 1

발트3국의 역사 · 문화 · 언어

초판 1쇄 펴낸날 2011년 3월 31일

지은이 이상금, 박영미, 윤기현, 이현진, 허남영
펴낸이 강수걸
펴낸곳 산지니
등록 2005년 2월 7일 제14-49호
주소 부산광역시 연제구 거제1동 1493-2 효정빌딩 601호
전화 051-504-7070 | **팩스** 051-507-7543
sanzini@sanzinibook.com
www.sanzinibook.com

ISBN 978-89-6545-130-3(세트)
ISBN 978-89-6545-131-0 94920

* 책값은 뒤표지에 있습니다.
* 이 도서의 국립중앙도서관 출판시도서목록(CIP)은
  e-CIP 홈페이지(http://www.nl.go.kr/cip.php)에서
  이용하실 수 있습니다.(CIP 제어번호 : CIP 2010004798)

발트3국의
역사·문화·언어

이상금, 박영미, 윤기현, 이현진, 허남영 지음

산지니

일러두기:

- 지역, 도시 및 강의 이름은 문맥상 해당되는 시기를 기준하며, '한국어(과거 명
  칭; 현재 명칭)' 형태의 표기를 원칙으로 한다.
- 인명과 지명이 각 장에서 처음 나타날 경우 원어와 병기하였으나, 이후부터는
  한국어로 표기한다.
- 본문에서 설명이 필요하거나 근거를 밝혀야 할 부분은 각주 표시를 하지만, 각
  장의 끝에 이를 종합하여 미주 형식으로 처리한다.
- 문장부호에서 강조어는 ' ', 직접인용은 " ", 부연설명은 ─ ─, 논문과 단편과
  시 제목은 「」, 저서와 전집이나 작품은 『』, 잡지와 신문은 〈 〉 등으로 통일한다.

북동유럽에 속하는 '발트3국'은 우리에게 미지의 영역이라고 할 수 있다. 최근 이들 세 나라는 1991년 구소련의 50년에 걸친 지배로부터 독립한 후 2004년 5월 1일부터 유럽연합의 회원국이 되었다. 따라서 이번에 책으로 발간하게 된 목적은 이들 나라에 대한 정확한 정보를 제공하고, 그들을 올바르게 이해하는 데 있다.

역사적으로 그들은 12세기 말부터 20세기 말에 이르기까지 줄곧 주변 강대국에 의한 외세와 침략의 역사를 고스란히 감당하였다. 그 과정에서 그들만의 독자성을 일깨우려는 발트3국의 숱한 역경은 우리에게도 시사하는 바가 크다. 따라서 700년 넘게 겪은 억압과 외침 속에서 자유와 독립, 또한 이들의 불굴의 의지로 표상되는 민족, 역사, 언어, 문화, 국민성 등이 서술적 요인에 속한다.

본 저서는 관련 문헌과 인터넷 검색을 포함한 각종 자료, 사진, 도표, 현지 탐방 및 확인 등을 거쳐 쉽게 소개하는 글쓰기 형식을 유지하려고 한다. 자세하게 말하면, 현장감 있게 그들의 역사, 언어, 정치, 경제, 사회 등을 아우르는 문화사적 관점에서 독자에게 새로운 인식과 이해, 현실적인 반추, 알려지지 않은 세상에 대한 생각과 이야깃거리를 마련해 주는 서술관점이다.

이와 관련된 일련의 연구를 하게 된 계기는 우연히 마련되었다. 그러나 꼭 우연만은 아닐 것이다. 독일문학사 가운데 '질풍노도'라는 문학혁명운동을 이끈 열정의 원천에 대한 궁금증은 대학생 때는 물론 대학에 몸담아 강의하면서도 해소되지 않은 갈증이었다. 문학사 기술에서 편견이자 이데올로기 탓으로 여겨지면서, 자연스럽게 그 원천에 해당하는 발트 지역과 헤르더, 하만, 괴테 그리고 계몽주의 이후의 정신사적 흐름이 궁금했다. '지역-사람-정신'의 실체가 여전히 가려져 있었다는 의문, 그 의문을 풀어야 한다는 평소의 생각이 필연적 계기로 바뀌어졌는지도 모른다.

필연이든 우연이든 그것은 어쩌면 중요하지 않을 수 있다. 관심의 끈을 놓지 않는 가운데 기회가 온 것이다. 2004년 3월 연구차 방문한 독일, 당시 그곳 일간지에서 소개한 유럽연합의 회원국 확대 가운데 나의 관심을 끈 것은 생소한 나라, 낯설게까지 여겨졌던 발트3국과 서방세계에서 더 잘 알려진 작가 얀 크로스Jaan Kross에 관한 기사였다. 귀국 후 그와 가졌던 인터뷰 내용을 국내에서는 처음으로 소개하면서부터 차츰 발트국에 대한 관심은 연구로 이어지게 되었다.

구체적으로는 2006년도 한국학술진흥재단(현재, 한국연구재단) 소규모 연구회의 주제 '에스토니아문학연구회' 활동을 먼저 들 수 있다. 이어 부산대학교의 그룹스터디 지원에서 2008년도 '발트국의 언어에 관한 연구', 그리고 2010년도 '한국어와 발트3국어 비교연구'라는 주제로 연구원들과 함께한 활동은 관련되는 기초적인 지식은 물론 연구의 영역을 차츰 확대할 수 있게끔 해주었다. 물론 학회에서 그간 연구한 내용을 발표하는 등 사전 점검의 형식도 빠트리지 않았다. 이러한 연구의 결과로 「에스토니아문학의 발생에 끼친 독일발트문학의 영향」(2007년 6월), 「독일발트문학의 발생과 전개에 관한 연구」(2007년 9월), 「얀 크로스의 역사 인식과 문화적 기억력」(2007년 9월) 등이 학술지 논문으로 발표되었다.

이를 바탕으로 2007년 12월부터 1년간 학술진흥재단(한국연구재단)의 기초연구과제로 '20세기 전환기의 독일발트문학과 에스토니아문학'이 선정되었으며, 해당되는 연구를 2009년 9월에 마무리하였다. 마지막 과제를 수행하기 위해 2008년 8월 말부터 9월 초까지 보름간 현장 확인과 자료 수집을 위해 다시 발트3국을 방문하기도 했다. 그러나 학술적 연구에만 머무르지 않았다. 두 번에 걸친 발트3국의 방문을 토대로 2009년 3월 19일부터 5월 7일까지 매주 목요일 8회에 걸쳐 〈부산일보〉에 탐방 형식으로 발트3국을 소개하기도 했다.

이처럼 이 책은 근 6년 동안에 걸쳐 2회의 현지 탐방, 3회의 소규모 연구회 활동과 4편의 연구결과 등을 정리 및 보완한 것이다. 또한 부산대학교 'EU Center'의 연구원으로서 유럽의 북동지역에 대한 인문사회학적 접근의 필요성이 이 책을 발간하게 된 주요 사항에 속한다. 무릇 인문학적 접근은 경제, 정치, 군사, 무역에 앞서 이루어져야 하는 지극히 당연한 인문학자의 몫이라고 본다.

따라서 이러한 연구의 결과에 대한 전문성과 사회적 효용성을 위
해 'EU Center' 의 학술도서로 출간할 수 있게 되어 한편으로 기
쁘지만, 다른 한편으로 지속적인 연구의 과제를 스스로 떠맡게 된
셈이다.

그러나 발트3국에 관한 연구가 여태까지 국내에서는 거의 없었
기에 연구의 한계와 어려움은 한두 가지가 아니었다. 아니 연구자
의 어려움이 컸다는 말이다. 그렇다고 현재에도 그러한 어려움이
완전히 해소된 것은 아니다. 시대의 흐름에 따라 새롭게 확인할 사
항은 물론 무엇보다도 현지어에 대한 지식이 충분하지 못하다는
점은 남겨진 과제이다. 그러나 그간 소규모 연구회 활동의 결과물
로서 '에스토니아어-한국어' 입문서 발간을 준비하고 있으며, 발
간 이후에는 라트비아어와 리투아니아어에 대한 언어적 장애를 가
급적 빨리 해소하려고 한다. 대신 현재 리투아니아에서 '발트국의
신화' 에 관한 연구를 계속해온 서진석—에스토니아 타르투 대학
박사과정 수료—씨로부터 리투아니아어와 발트국 관련 많은 자료,
정보와 조언을 받았음에 대해 이 자리를 빌려 고마움을 전한다.

여기서 단락별 글을 소개하면, 다음과 같이 간략하게 정리할 수
있다. 도입부에 해당하는 I장 '오늘날 발트3국' 에서는 국토, 사람,
환경, 경제, 정치, 종교, 언어 및 교육 등을 개관하고 있다. 이어 II
장 '발트3국의 역사' 에서는 기원, 역사적 변천과정, 주변국의 외침
과 피지배, 신생 독립과 유럽연합의 회원국으로서의 비전을 다루
고 있으며, III장은 역사적 변천사를 통해 드러나는 각기 다른 언어,

전설, 신화, 축제, 음악과 미술을 다루는 '발트3국의 문화' 이다. 이어 이러한 민족성과 문화의 원천이라 할 수 있는 각기 다른 언어의 뿌리와 변천, 소멸과 생성, 특징 등이 실려 있는 '발트3국의 언어' 가 IV장에 속한 내용이다.

위와 같이 다양한 영역에 걸친 보완 작업은 박영미, 윤기현, 이현진, 허남영 박사들의 도움에 의해 이루어졌다. 몇 번에 걸친 모임을 통해 확인하는 작업은 또 다른 어려움이었지만, 나름대로 성과를 이루는 데 있어 매우 긴요한 사항이었음을 들어 이들의 수고에 고마움을 전한다.

이를 총괄적으로 마무리할 수 있는 영역으로 V장에서는 '독일발트문학과 발트문학' 을 실었다. 민족적 자의식이 발현되기 시작한 무렵부터 오늘에 이르기까지 다중언어와 민족의식, 질풍노도시기의 독일발트문학 및 발트문학, 발트문학에서 근대성 등을 기술하였다. 그러나 나라별 문학을 모두 다루는 대신, 먼저 에스토니아문학의 현대성, 망명시기의 문학과 그 이후의 양상, 그리고 오늘날 발트3국을 대표하는 작가 가운데 한 사람인 에스토니아의 얀 크로스의 작품세계를 VI장 '20세기 에스토니아문학' 에서 다루었다. 때문에 에스토니아, 라트비아, 리투아니아 등 발트3국의 현대문학에 대한 연구는 구체성을 띠어야 할 과제로 남겨진다. 이와 별도로 대표적인 작가, 작품에 대한 이해는 경우에 따라서는 개별적인 것으로 다루어질 영역임을 여기서 밝힌다.

마지막으로 앞서 잠시 언급했듯이, 여기에 실리는 글 가운데 몇

몇 부분은 2010년 발간한 단행본 『발트3국에 숨겨진 아름다움과 슬픔』과 중복되어 있음을 알린다. 물론 앞서 발간된 책은 일반 독자를 위한 것이다. 그러나 이번의 책도 여태까지 우리에게 생소한 신생 독립국 발트3국에 대한 인문사회학적 기본 지식을 바탕으로 그들과 다양한 관계를 모색할 수 있는 계기가 되었으면 한다. 나아가 그들과의 친선은 물론 문화, 예술, 경제, 정치 등 여러 분야에서 유효한 소통과 협력에 필요한 최소한의 대응논리로 받아들여지기를 바란다. 또한 발트3국을 이해하고 싶은 분들께도 좀 더 쉬운 읽을거리가 되었으면 하는 바람이다.

2011년 봄 기운이 스미는
금정산 기슭에서

지은이 대표 이상금(李相金; Li SangGum) 씀

제1편 : 발트3국의 역사 · 문화 · 언어

V. 독일발트문학과 발트문학

5.1 다중언어, 언어문화, 자의식

최초의 문학텍스트

다중언어로서 문화적 공유와 전환

5.2 계몽주의와 질풍노도 시기의 민족의식

발트 지역의 민족의식

계몽주의 시기

질풍노도 시기

헤르더의 민족개념과 국가관

5.3 독일발트문학

문제제기

대상과 범위, 정의

독일발트문학의 발생과 전개

독일발트문학의 중재

독일발트문학의 정체성

I

오늘날 발트3국

Ⅰ. 오늘날 발트3국

발트3국을 소개하기 전에 먼저 '발트'와 '발트해'에 대한 이해가 필요하다. 발트해는 전체 면적이 42만㎢에 이르며, 덴마크로부터 시작해서 독일, 폴란드, 리투아니아, 라트비아, 에스토니아, 러시아, 핀란드, 스웨덴, 노르웨이 등 모두 10개 나라가 감싸 안고 있는 유럽 북부의 바다이다. 발트해는 유럽연합에 속하는 바다이지만, 나라마다 사용하는 명칭은 다르다. 그렇다면, '발트'의 뜻은 무엇일까? 'Balt-'라는 어근(語根)은 리투아니아어 '발타스baltas', 라트비아어 '발츠balts'라는 형용사에서 비롯되었으며, '희다'라는 뜻이다. 한국과 중국 사이에 놓여 있는 황해가 때론 누렇게 보이는 것과는 달리, 실제 이곳 바다는 하얗다는 느낌을 받을 때가 많다. 이러한 이유 때문에 '발트해'는 리투아니아어 '발티요스 유라Baltijos Jūra', 라트비아어 '발티야스 유라Baltijas

Jūra' 로 표기된다.

아래의 지도는 발트3국의 지리적 위치를 나타낸 것이다.

유럽전도와 발트3국 지도

	에스토니아	라트비아	리투아니아
수도	탈린(Tallinn)	리가(Rīga)	빌뉴스(Vilnius)
면적	45,227km^2	64,587km^2	65,301km^2
인구	1,342,000(2007)	2,245,800(2010)	3,354,700(2008)
언어	에스토니아어	라트비아어	리투아니아어
표준 시간	UTC+2 (UTC+3: 3월~10월)	UTC+2 (UTC+3: 3월~10월)	UTC+2 (UTC+3: 3월~10월)

그러나 에스토니아에서는 '레네메리Läänemeri' ― '서해' 라는 뜻―로 표기한다. 라트비아, 리투아니아와는 달리 에스토니아에서는 그들의 정서를 담은 민요나 노래에서 발트해가 아니라 '서해' 라는 이름을 사용했으며, 지금도 공식적으로 그렇게 사용하고 있다. 독일에서도 이 바다를 '동해Ostsee' 라고 부르며, 덴마크와 스칸디나비아어로도 발트해는 '동해' 이지 '하얀 바다' 가 아니다. 폴란드에서는 'balt' 와 음가(音價)가 비슷한 단어를 쓰고 있으나, '희다' 라는 뜻과는 관련이 없다.

그렇다면, '발트해' 는 언제부터 누구에 의해 사용되었을까? 최초의 기록으로 독일 브레멘 출신 아담Adam이라는 한 역사가가 1076년 저서 『함부르크 대주교들의 행적Gesta Hammaburgensis Ecclesiae Pontificum』에서 이 바다를 '마레 발티쿰Mare Balticum' ― '발트의 바다' 라는 뜻―이라고 명명한 데서부터 시작되었다고 전해지고 있다. 또한 발트해는 허리띠처럼 길게 늘어져 있기 때문에 당시 '허리띠' 라는 단어의 음가에서 차용된 단어와 함께 라트비아어로 '하얀 바다' 이외에 '큰 바다' 라는 뜻을 가진 단어로도 쓰였다.

최근 사용되고 있는 발트해 관련 '발트3국' 또는 '발트국' 은 공식적인 명칭이 아니다. 옛 소비에트연방공화국 시절 발트해 동쪽 해안에 접해 있는 관계로 다른 공화국과 달리 불려진 편의적인 이름이었다. 오늘날 발트3국의 공식적인 국가명 표기(발트어; 독일어)는 각각 'Eesti; Estland' , 'Latvija; Lettland' , 'Lietuva; Litauen' 즉 '에스티; 에스트란트, 라트비야; 레트란트, 리에투바; 리타우엔' 이다. 그러나 여기서는 이미 널리 쓰이고 있는 영어식 표기인 '에스토니아Estonia, 라트비아Latvia, 리투아니아Lithuania' 를 사용하고자 한다.

에스토니아, 라트비아, 리투아니아는 일찍이 유럽 강대국들로부터 끊임없이 지배를 받아왔으며, 2차 세계대전 이후로는 구 소비에트연방공화국에 속했다. 이들은 1991년 독립을 이루고 유럽연합의 회원국이 되기까지 소수민족이자 약소국으로서 험난한 역사의 길을 걸어왔다. 이러한 공통된 역사적 배경을 가지고 있지만, 발트3국은 서로 상이한 민족으로 서로 다른 언어를 사용하고 있다. 특히 에스토니아는 나머지 국가들과 유전학, 언어학적으로 그 근원을 달리한다.

1.1 에스토니아 (Eesti Vabariik; Republic of Estonia)

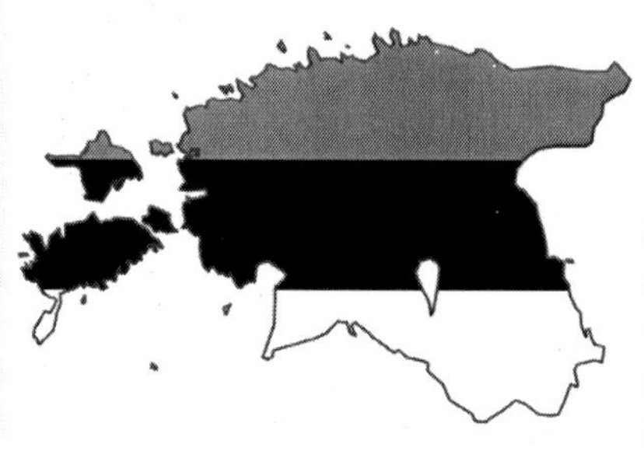

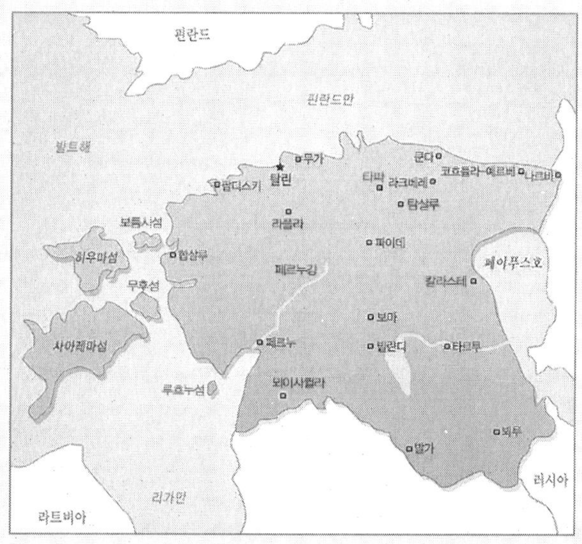

환경

에스토니아는 북위 57°~59°, 동경 21°~28°의 발트해 동부에 위치하며, 동쪽으로는 러시아, 남쪽으로는 라트비아, 북쪽으로는 핀란드만, 서쪽으로는 발트해를 끼고 스웨덴과 마주한다. 국토의 대부분이 평야이며, 국토의 절반은 삼림으로 덮여 있다. 면적은 3국 중 가장 작은 45,227km²(한반도 221,336km²의 1/5)에 불과하지만 덴마크, 네덜란드, 스위스(면적 41,285km², 인구 752만 명)보다는 약간 크다.

에스토니아의 기후는 온화한 대륙성으로 전반적으로 농업에 적합하다. 1년 중 월평균기온이 가장 낮은 달은 2월로 탈린의 경우 2월 평균기온은 −6℃이다. 7월은 평균기온이 17℃로 가장 덥다. 서해안에서는 겨울에도 따뜻하다. 그리고 탈린의 연평균 강수량은 600~700mm로 연중 고른 분포를 나타낸다.

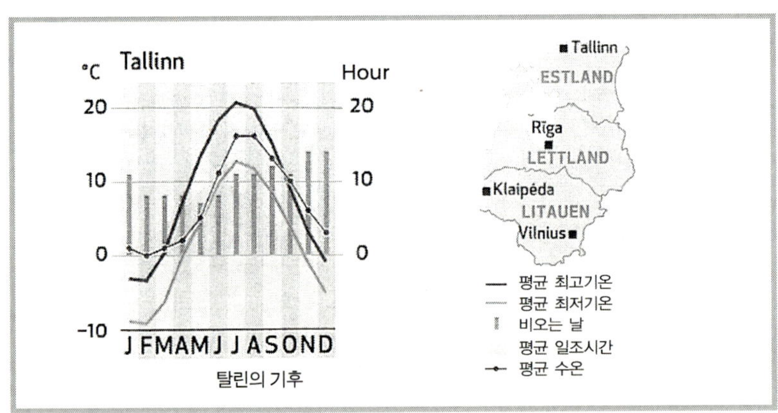

탈린의 기후

에스토니아는 발트3국 중 제일 많은 섬을 가지고 있는 나라이
다. 섬의 면적만 2,833km²에 달하며, 모두 1,521개가 있다. 이 가
운데 큰 섬으로는 사레마Saaremaa, 히우마Hiiumaa, 무후Muhu 등
이, 강으로는 페르누Pärnu(144km), 카사리Kasari(112km), 에마으
기Emajõgi(101km) 등이 있으며, 발트 최고봉으로는 수르 무나메
기Suur Munamägi(318m)가 있다.

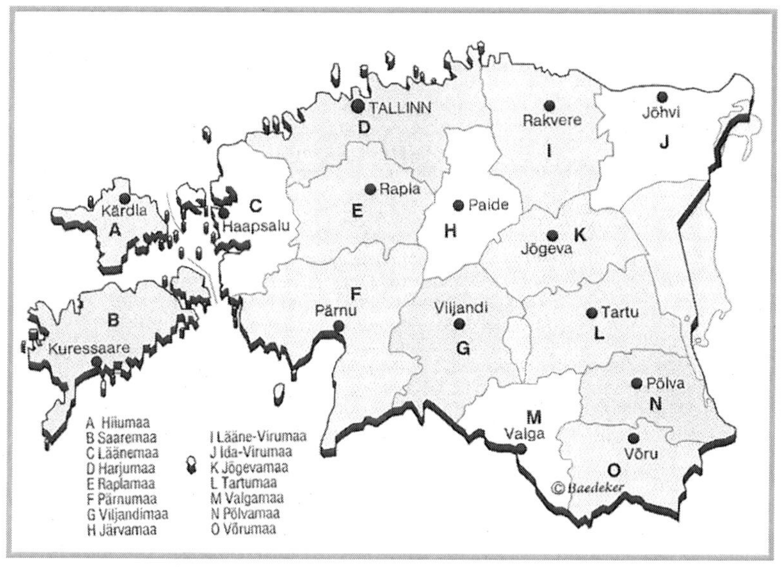

에스토니아의 지역 분포도

대도시를 들자면, 수도 탈린Tallinn, 대학도시 타르투Tartu, 공업
도시인 나르바Narva와 코흐틀라 예르베Kohtla-Järve, 해안 관광도
시 페르누Pärnu 등이 있다.

타르투의 상징인 타르투 대학 본관

타르투 대학 연구실 건물 벽에
재직 중이거나 퇴임한 교수들의
사진이 이채롭다.

탈린은 '덴마크인의 도시taani linnus' 라는 의미이며, 발트해의 핀란드만 남동해안에 접해 있다. 탈린은 에스토니아의 북부에 위치해 있는 항만도시이자 공업의 중심지로 핀란드의 수도 헬싱키까지 바닷길은 페리로 약 45분 정도 소요된다. 에스토니아는 15개 지방으로 구성되어 있으며, 각 지방의 도시를 중심으로 지역적인 특성이 나타난다. 수도가 위치한 하르유마Harjumaa는 귀족적인 성격, 대학도시가 위치한 타르투마Tartumaa는 학자적인 성격, 공업지대가 많은 북동부의 이다-비루마Ida-Virumaa는 노동자적인 성격, 남부지역인 발가마Valgamaa는 부자들의 성격, 남동쪽의 브루마Võrumaa는 유흥을 좋아하는 성격, 섬 지역 사레마Saaremaa는 뱃사람다운 기질을 지니고 있다.

타르투는 에스토니아 제2의 도시이자 최대의 교육도시이다. 타르투를 일컫는 상징적인 말은 에스토니아어로 'Heade Mõtete Linn', 즉 '좋은 생각의 도시' 라는 뜻이다. 탈린이 에스토니아의 수도로 '머리 도시Pealinn' 라면, 타르투는 '머리가 있는 도시Linn peaga' 이다. 다시 말해 타르투는 에스토니아의 지성인들을 낳고 기르는 중심지이다. 이러한 의미에서인지 에스토니아의 교육문화부는 정치적 수도인 탈린에 있지 않고, 이곳 타르투에 있다.

그리고 타르투는 중세시대 유럽의 무역중심도시 연맹인 한자동맹 도시 중 하나로서 독일, 러시아, 북유럽의 영향을 골고루 받으면서 국제적인 도시로 발전했다. 타르투의 상징인 타르투 대학은 1632년 스웨덴의 아돌프 구스타프 2세가 설립한 학교로 에스토니

타르투 대학을 설립한 아돌프 구스타프 2세 동상

아는 물론 발트3국 전체의 민족의식을 일깨우고 신학문을 보급하는 데 선구자 역할을 했다.

사람

에스토니아인은 발트인에 속하는 인종이 아니라, 핀란드와 맥을 같이 하는 핀-우그르족에 속한다. 그리고 '에스토니아'라는 단어의 기원이 되었을 듯한 '에스티Aesti'라는 말은, 로마 시대의 역사가 타키투스Tacytus의 기록에 처음 등장했다. 그 말은 단순히 현재의 '에스토니아인'들만을 일컫는 것이 아니라, '동쪽에 사는 사람'이란 뜻으로 발트인 모두를 지칭한다.

인구는 대략 140만 명(2007년 기준 1,342,000명)이며, 그 가운데 약 40만 명 정도가 탈린에 거주하고 있다. 전체 인구의 68.6%만이 에스토니아인이며 러시아인(25.7%), 우크라이나인(2.1%), 벨라루스인(1.2%) 그 밖에 핀란드인(0.8%), 독일인(0.3%) 등 1/3이 소수 민족으로 구성되어 있을 정도로 역사적 변천과정을 통해 인구 소멸, 이동과 유입이 많았다. 특히 많은 러시아인은 2차 세계대전 후 모스크바의 이주, 인구정책에 따라 에스토니아로 이동했다.

평야와 벌판, 호수, 그리고 많은 섬과 더불어 아름다운 자연을 가진 에스토니아인들은 순박한 성격을 지녔지만, 끊임없는 외세의 압박에도 굴하지 않고 시련을 극복한 강한 국민성을 가지고 있다. 즉 지정학적 위치로 인해 주변 강대국들로부터 숱한 고통을 겪었지만, 그러한 시련에도 굴하지 않는 끈기와 특유한 국민성을 갖게 된 것이다.

에스토니아의 교육제도는 중등교육까지 의무교육이다. 에스토니아어를 사용하는 학교는 12학년제—초등 9년, 중등 3년—이며, 러시아어를 사용하는 학교는 11학년제로 되어 있다. 독립 후 1993년 14만 2,000명의 학생이 에스토니아어 학교에, 7만 명이 러시아어 학교에 입학했다. 각각의 학교는 상대 언어도 가르치고 있다. 1998년 현재 15세 이상 인구의 100%가 글을 알고 있는 것으로 추정된다.

에스토니아의 인구 구성

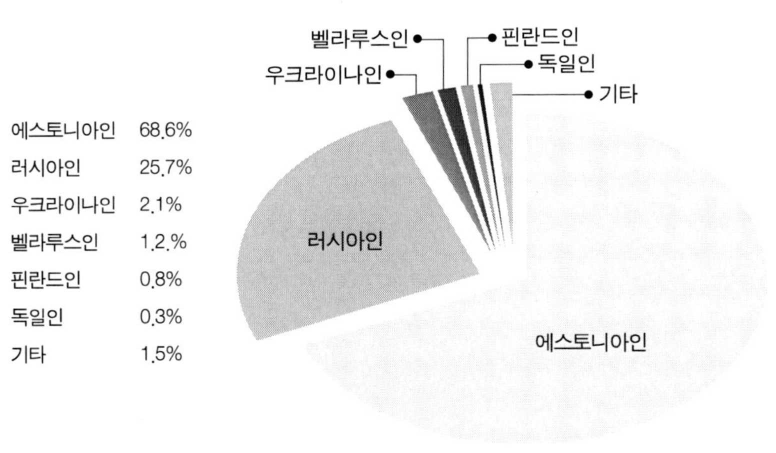

현재 에스토니아의 종교는 라트비아처럼 대다수 개신교이지만, 통일교 활동도 눈에 띌 정도로 거의 모든 기독교의 종파가 어우러져 있다. 그러나 리투아니아인과 달리 라트비아인과 에스토니아인은 비교적 신앙심이 깊지 않은 민족으로 알려져 있다. 그 이유는 외래 종교가 전파된 역사와 연관되기 때문이다. 근대까지 교회는 독일인 '나으리' 들의 문화에 속했으므로, 교회는 농노들이었던 에스토니아인들이 살던 마을과는 멀리 떨어진 곳에 위치했다. 에스토니아 역시 다른 발트민족처럼 자신들만의 고유한 신앙을 바탕으로 한 토속종교가 있었지만, 리투아니아와 라트비아처럼 많은 영향을 끼치지 않는 것으로 알려져 있다.

정치와 경제

독립국 에스토니아의 공식명칭은 '에스토니아 민주공화국', '에스티 바바리크Eesti Vabariik' 이다. 정부형태는 공화제로 의원내각제이다. 의회는 '리기코구Riigikogu' 로 단원제이며, 의원은 비례대표제로 선출되는 101명으로 임기는 4년이다. 그리고 정당은 개혁당, 인민연합당, 중도당, 공화당, 사민당, 조국당 등으로 이루어져 있다. 에스토니아 역시 지방자치가 실행되고 있어, 지방정부들이 각 지방에서 중앙정부를 대표하여 활동한다. 현재 에스토니아의 대통령은 일베스Toomas Hendrik Ilves로 2006년 10월 9일에 취임하여 제4대 대통령직을 수행하고 있으며,

수상은 안시프Andrus Ansip(2005년 4월 취임)이다. 현재 에스토니아 정부는 중도우파의 성향을 띠고 있으며, 1991년 9월 6일 독립과 동시에 9월 17일 UN에 가입했다.

2004년 3월 29일 에스토니아는 북대서양 기구의 회원이 되었고 같은 해 5월 1일에 유럽연합의 회원국이 되었다. 이로써 수많은 외세 침략에 희생되어왔던 작은 나라 '에스토니아'는 이제 더 이상 약소국이 아니라 유럽의 대국들과 당당하게 어깨를 겨루는, 작지만 강한 나라로 발전하게 된다. 우리나라와는 공식적인 외교관계를 맺고 있지만, 아직 상주 대사관은 없다. 대신 핀란드 주재 한국 대사관이 에스토니아를, 역으로 재중 에스토니아 대사관이 한국을 관할하고 있다.

에스토니아는 매우 개방적이고 견실한 경제정책을 지속적으로 추구하고 있는데, 이는 거시 경제적 안정성과 투자자의 확신, 적당한 인플레이션과 안정적인 경제성장 등을 보장함으로써 성공적인 것으로 인정받고 있다. 에스토니아의 화폐단위는 크론(Kroon, EEK)이었으나, 유통위원회에 바탕을 둔 통화체계는 유럽경제통화협약에 가입해서 2011년 1월 1일부터 '유로Euro' 화를 공식적으로 도입하여 사용하고 있다. 정부 예산은 엄격하게 균형을 유지하고 세금체계는 단순하면서도 균형이 잡혀 있다.

에스토니아는 내수시장의 규모가 작은 편이기 때문에 수출을 지향하는 것은 필연적이다. 에스토니아는 이러한 도전에 성공적으로 대처했고, GDP에서 수출이 차지하는 비율이 90%에 이를 정도로 활기찬 수출국이 되었다. 총 GDP는 232억 3,200만 달러(2008), 1인당 GDP는 17,299달러이며, 2008년도 기준에서 수출은 기계장비, 목재, 섬유로 124억 6,900만 달러이고 수입은 기계장비, 화학, 식료품으로 160억 6,300만 달러에 이른다. 유리한 지정학적 위치와 훌륭한 수송로 덕분에 서유럽의 회사들은 그들의 조립작업을 에스토니아에 상당부분 위임했고, 이것이 에스토니아 수출의 주요한 부분이 되기도 했다. 시간이 흐를수록 이러한 하도급 관계는 점점 더 지식 및 기술집약적으로 바뀌고 있다. 또한 에스토니아는 스칸디나비아의 기업들로부터 제공된 효율적 비용의 제품제작 기회를 광범위하게 이용함으로써 2001년 전 세계가 고통받았던 불경기

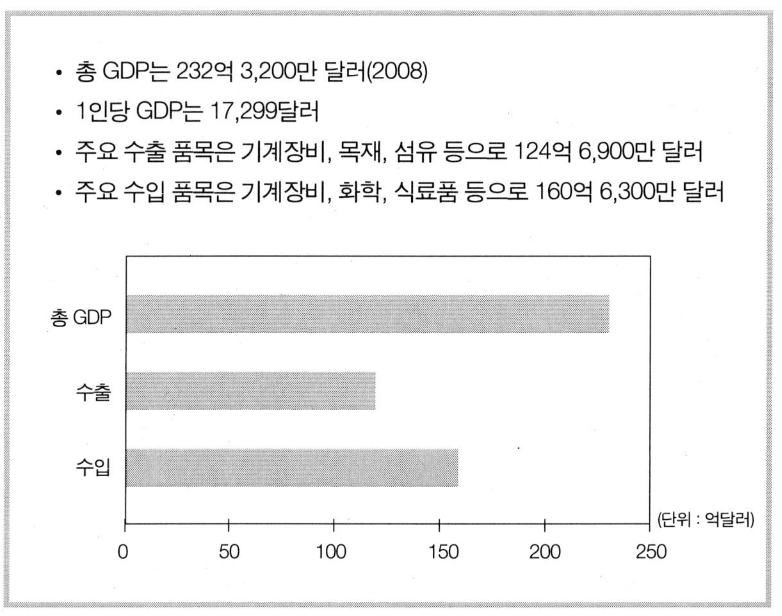

를 극복했다. 그러나 에스토니아 자체의 상품 수출은 상품개발과 브랜드화 그리고 수출로 방향을 잡은 국가적 전략을 통해 더 나은 뒷받침을 받음으로써 훨씬 더 높은 성장률을 보여주고 있다.

오늘날 에스토니아는 다른 유럽 국가들과 똑같은 도전에 직면해 있다. 경쟁력 있고 역동적인 지식에 기반을 둔 경제를 이루려는 것이다. 따라서 R&D(연구와 개발)의 강화와 기술의 발달을 경제정책의 최우선 과제로 설정하고 있다. 무엇보다도 '새로운 경제'로의 성공적인 통합은 새로운 기술과 사업기회를 이용할 인간자본의 능력 문제인 것이다. 그러므로 지식에 기반을 둔 경제의 필요성에 따라 교육체제를 재정비하는 데 특별한 주의를 기울이고 있다.

다행스럽게도 에스토니아 사회는 새로운 기술과 혁신에 대해 매우 개방적인 것으로 보인다. 기업들은 그들이 제공하는 서비스가 따뜻하게 환영받고 능동적으로 사용될 것이라고 확신했기 때문에 시장에 새로운 서비스를 쉽게 제공했다. 그리고 현재는 인터넷 사용과 인터넷 뱅킹, 전자 세금 신고 그리고 모바일 파킹 등과 같은 휴대전화에 근거한 서비스들이 시민들에게 일반적인 것이 되었다.

1.2 라트비아 (Latvijas Republika; Republic of Latvia)

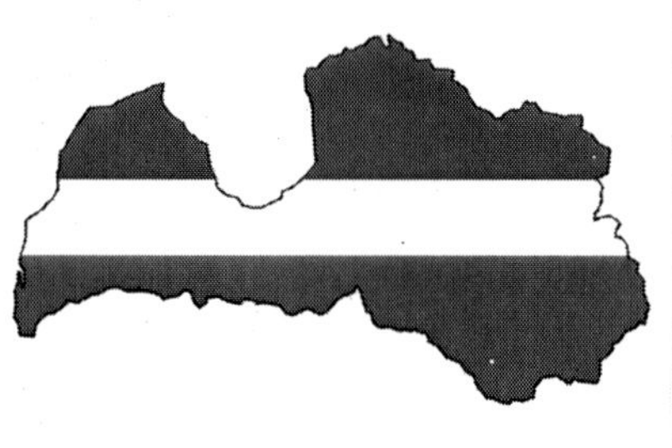

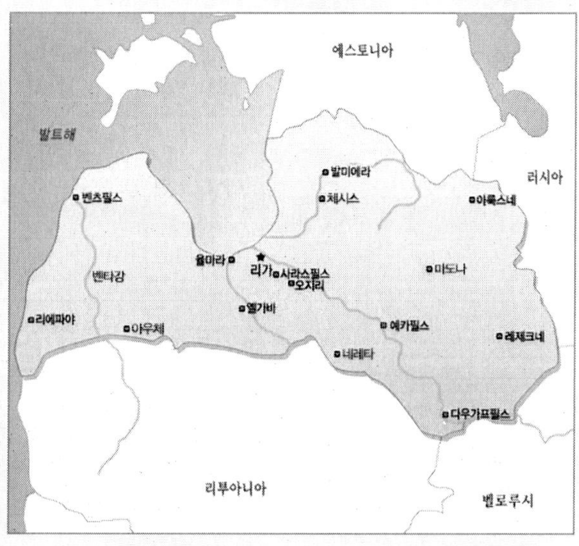

환경

     라트비아는 북위 56°~58°, 동경 21°~28°의 러시아 북서부 발트해 연안에 위치해 있다. 면적은 64,589㎢로 북쪽의 에스토니아보다 크고, 남쪽의 리투아니아보다는 작다. 라트비아의 국토는 대부분 평지로 이루어져 있으며, 최고봉은 높이가 311.6m에 불과한 가이진칼른스Gaizinkalns이다. 그리고 라트비아 전 국토의 40%가 숲이며, 라트비아를 흐르는 강 가운데 가장 긴 강은 가우야Gauja로 길이가 460km이다. 다우가바Daugava는 357km에 달한다. 해안의 길이는 총 500km이며, 서쪽과 북서쪽으로는 발트해와 접해 있고, 발트해 안쪽으로 엄지손가락 모양의 리가만이 라트비아 북부 해안 쪽으로 들어와 있다.

     기후는 해양성 기후로 리투아니아와 거의 비슷하다. 대서양의 거의 일정한 방향으로 부는 바람의 영향을 받아 여름에는 대체로

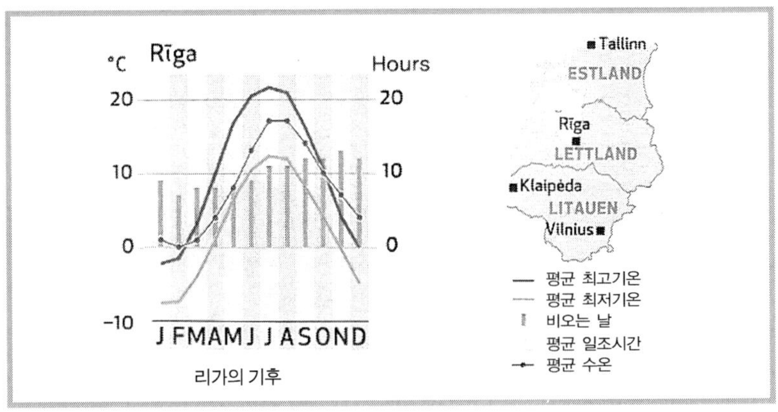

리가의 기후

시원하고 비가 많이 내린다. 겨울은 12월 중순부터 서서히 시작되어 3월 중순까지 계속된다. 연평균 기온은 6.6℃이며, 연안지방의 1월 평균기온은 영하 2~3℃, 내륙지방의 겨울은 영하 6~7℃, 7월에는 영상 17~18℃이다. 연간 강수량은 600~650mm이며, 특히 7~8월에 강수량이 많다. 그러나 강수량이 증발량을 상회하기 때문에 습지가 많다.

국경은 리투아니아, 에스토니아, 벨라루스에 접하고 있으며, 빙하기에 만들어진 호수와 항구도시가 많다. 대도시는 수도 리가Rīga, 다우가우필스Daugavpils, 리에파야Liepāja, 옐가바Jelgava, 벤츠필스Ventspils, 레제크네Rēzekne 등이 있다.

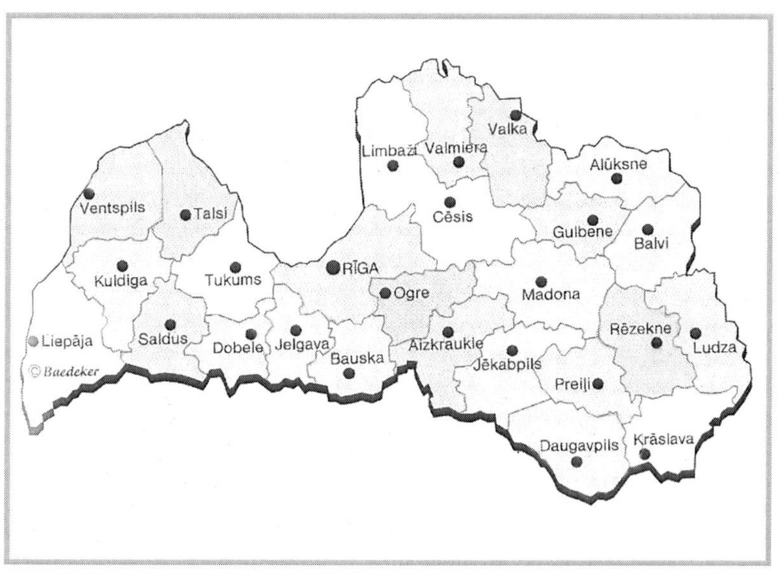

라트비아의 지역 분포도

리가는 이웃 나라의 수도 탈린이나 빌뉴스처럼 아름답지 않지만 대단히 활기찬 대도시이다. 이 도시에서는 러시아인의 수가 라트비아인의 수를 능가하기 때문에 인종 간의 긴장된 분위기가 여전히 남아 있다. 약 84만 명의 인구를 가진 리가는 다우가바 강 양쪽에 위치하며, 리가만 남동쪽 모서리에서 약 15㎞ 떨어져 있다. 리가는 수세기 전 유겐트 양식Jugendstil의 건물들이 옛날 리가—라트비아어로 베츠리가Vecriga—의 전역을 덮고 있다. 리가성은 1330년 독일기사단에서 별도로 세워진 리브란트기사단의 본부로 지어졌지만, 지금은 라트비아 대통령의 거처로 사용되고 있다. 리가의 구시가지 동쪽에는 19세기 풍의 공원과 넓은 길이 있고, 1935년 세워진 자유의 여신상은 오늘날 라트비아를 상징하는 기념물이다.

사람

인구의 절반 이상은 라트비아인이다. 레트인이라고도 하는 라트비아인들은 리투아니아어와 함께 발트어군에 속하는 라트비아어를 사용한다. 라트비아 내 소수민족인 러시아인들은 인구의 약 1/3가량을 차지한다. 대략 2,245,800명(2010년 기준)의 인구 중 1/3이 수도인 리가지역에 집중해 살고 있다. 현재 라트비아 전 국토의 인구비율은 라트비아인이 59.4%, 러시아인이 27.6%, 벨라루스인 3.6%, 우크라이나인이 2.5%, 폴란드인이 2.3%, 프로이

라트비아의 수도 리가 전경

센인 1.3%, 유대인 0.4%, 독일인 0.2%, 에스토니아인 0.1%, 기타 2.6%이다. 그리고 리가에서는 러시아인이 60%의 비율을 차지한다. 총인구의 27% 정도가 시민권이 없는 자들로 분류되어 있고, 소련의 집단이주 정책 때문에 라트비아인들은 여러 도시에서 소수민족으로 전락했다.

라트비아인들은 유전적, 언어학적으로 유사한 리투아니아인들보다 오히려 에스토니아인들에 가깝다. 이는 지리적으로 에스토니아에 더 근접한 인접국이기도 하지만, 문화적으로 북유럽의 영향을 많이 받았기 때문이다. 특히 스웨덴과 핀란드 그리고 북부 독일과 밀접한 연관성을 보여서 북유럽 특유의 내성적이면서도 이성적이고 냉철한 기질을 가지고 있다. 1980년대 말에서 1990년 초에 일어난 독립운동에서도 이들은 에스토니아인들처럼 차분하게 대처하는 의연함과 끈기를 보여주어 무혈의 평화스러운 독립을 얻었다.

라트비아인들 또한 에스토니아인들처럼 그들의 민속 음악에 대한 애착으로 유명하다. 구전 민요의 내용은 신화에서부터 일상생활의 사소한 일에 이르기까지 다양한 주제를 가지고 있다. 이것은 전 국민이 참여하는 국가적 음악축제를 통해서 그들의 단결력과 민족 정체성을 의식하게 하는 기반을 마련해주었다.

라트비아에서 초등학교와 중학교 교육은 무상 의무교육이다. 학교에서는 라트비아어나 러시아어 또는 이들 두 언어를 동시에 사용하며, 라트비아어로 가르칠 경우에는 의무적으로 러시아어 교육을 하도록 되어 있다. 라트비아 과학아카데미를 비롯한 연구기관들과 많은 고등교육기관이 있다. 의료시설이 아주 잘 갖춰져 있으며 의사 1인당 인구비율이 세계에서 가장 낮다.

라트비아의 인구 구성

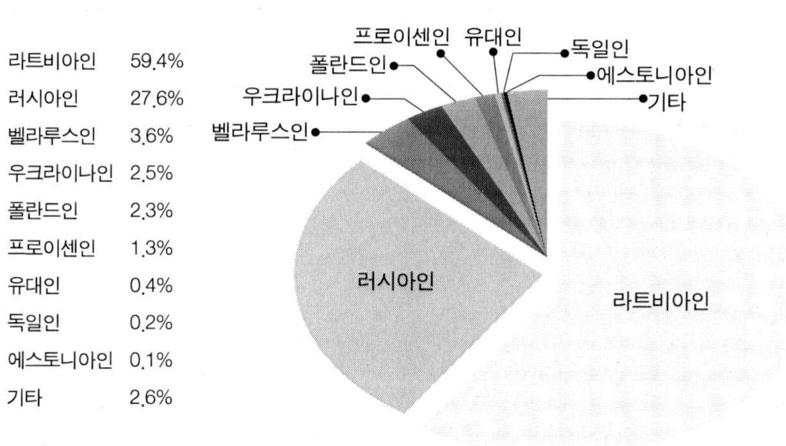

라트비아는 리투아니아보다 먼저 기독교화되기는 했지만, 역시 유럽에서 가장 늦게 기독교를 받아들인 나라 중 하나이다. 독일의 영향으로 루터교가 지배적이지만, 라트비아 사람들 스스로도 신앙심이 깊은 민족이라고 얘기하지는 않는다. 그 이유는 교회란 침략자의 문화였으므로, 사람들에게 전파될 만한 여지가 충분치 않았기 때문이라고 볼 수 있는데, 현재는 러시아정교와 로마 가톨릭이 함께 존재한다.

리투아니아인들처럼 라트비아인들도 다신교를 바탕으로 한 고유한 종교를 가지고 있다. 리투아니아 민속신앙에 나타나는 여러 신들은 이름만 바뀐 채 라트비아 민속신앙에도 나타나지만, 완전히 같은 사상적 배경을 가지고 있다고 말할 수 없다. 현재 라트비아에는 개신교(20%), 러시아정교(15%), 천주교 등이 있다.

정치와 경제

라트비아는 의회공화국으로 의원내각제를 채택하고 있다. 대통령은 국회에서 간접선거로 선출된다. 현 대통령은 자틀레르스Valdis Zatlers(2007년 7월~)이며, 수상은 고드마니스Ivars Godmanis(2007년 12월~)이다. 의회는 '사에이마 Saeima'로 100명의 의원들이 3년의 임기로 일한다. 정당은 녹색농민당, 라트비아 제일당, 국민당, 새시대당, 인민화합당, 조국자유운동, 인권당, 사회주의당으로 구성되며 라트비아 정부는 중도우파의 성향을 띤다.

1990년 이전 라트비아의 정부형태는 4년마다 라트비아 공산당의 지명을 받아 만장일치로 선출된 의원들로 구성되는 일당제였다. 공산당은 본 회의에 참여하는 간부들과 행정을 담당하는 각료들의 임명권을 가졌다. 그러나 1989년 라트비아 의회 투표 결과 공산당 일당독재를 보장하는 헌법 조항은 사라지게 되었다. 그리고 1990년 다당제 자유총선거에서 라트비아의 독립을 위해 활동하는 단체인 라트비아 인민전선의 후보자들이 절대 다수 의석을 차지하게 된다.

압제적인 소련의 지배는 소련이 갑자기 붕괴하게 될 때까지 50년간 지속되었다. 고르바초프가 페레스트로이카 정치를 펼치기 시작하자 차근차근 라트비아의 민족의식을 일깨우는 운동이 활발하게 전개되었고, 1989년에는 탈린에서 빌뉴스까지 사람들이 손을 잡아 만든 '발트의 길' 행사를 통해 독립 의지를 만방에 알린다. 끝없는 투쟁과 억압의 역사를 마치고 1991년 8월 라트비아는 마침내 완전히 독립을 이루어 유엔의 정식 회원국으로 가입했으며 1999년에는 라트비아 최초로 여자 대통령이 당선된다. 라트비아는 12월 13일 코펜하겐에서 열린 유럽연합 정상회담에서 2004년에 유럽연합 정식회원국으로 가입하는 것으로 결정되어, 2004년 5월 1일자로 유럽연합의 정식회원국이 되었다.

라트비아는 계속적으로 성장하는 경제를 가진 민주주의 국가이다. 새로운 세기를 맞아 라트비아는 변화와 변형의 꾸준한 국면 속에서 지속적으로 현대적인 유럽 국가가 되어가고 있다.

유럽연합은 이미 높은 수준의 경쟁력으로 공통된 시장영역을 감싸 안고 있다. 라트비아를 포함해서 새로운 회원국들을 받아들임으로써 유럽연합의 정치적, 경제적 잠재력은 상당히 증대될 것으로 보인다. 새로운 정보기술, 항구들, 증가하는 운송 기반시설의 수용능력 그리고 현대적인 경제교육, 이러한 것들이 라트비아가 공통된 유럽연합국에 기여하고 있는 이익이자 투자이다. 라트비아는 다국적회사와 협력, 조화 그리고 협의의 필요성을 이해하고 거기에 가치를 부여하고 있다. 라트비아는 이러한 지리적·경제적 영역 안에서 많은 시장에 진출할 기회가 있다. 그러나 라트비아의 제조업 업체들은 심각한 경쟁 환경 속에서 그들 자신의 능력을 입증해야 하는 어려움을 갖고 있기도 하다.

21세기에 들어서면서 라트비아가 설정한 주요한 국내 정책의 목표는 경제성장과 국제적인 조화 그리고 전체 국민의 복지 개선 등이다. 이것은 국가의 독립을 강화하고 그 독립을 확고히 하려는 외교정책과 결합되어 있다. 그리고 엄격한 통화 및 제정정책들, 세계경제로의 성공적인 편입, 투자환경 개선, 외국인 직접투자 총액의 증가, 그리고 유럽연합을 향한 항구적인 전진 등은 투자환경 개선을 위한 어떤 의무들을 함축하고 있으며, 경제적인 정화라는 측면에서 총체적으로 개선된 전망을 제공해줄 것으로 보인다.

라트비아의 통화는 '라티Lati'로 몇 년간의 3.2% 인플레이션은 중부유럽에서 가장 낮은 편이었다. 국내총생산(GDP)은 2001년에 7.6% 증가했으며, 2000년에는 GDP가 발트연안 국가 가운데 가장 높았다. 총 GDP는 340억 5,400만 달러(2008), 1인당 GDP는 14,997달러이다. 2008년도 기준으로 무역을 살펴보면, 수출은 100억 6,000만 달러(목재, 기계, 금속, 섬유 등), 수입은 161

억 6,000만 달러(기계장비, 화학, 자동차 등)이다. 대부분의 경제 학자들은 향후 라트비아에 대해 지속적인 GDP 성장을 예견하고 있다.

현재 무역액수의 70%가 외국과의 자유로운 무역체제하에서 이루어지고 있다. 이것은 경제의 급속하고도 성공적인 재편성을 위한 중요한 조건으로 간주된다. 유럽연합과 교역 총액(60%)은 증가하고 있으며, 독일과 영국은 라트비아의 주요한 교역 파트너이다. 라트비아의 가장 큰 수출 상품은 목재와 목재가공품, 섬유 및 섬유직물이며 주요 수입품은 기계류와 기계설비, 광물제품, 화학 및 유사산업 제품들이다. 가장 중요한 수입 대상국은 독일, 러시아, 리

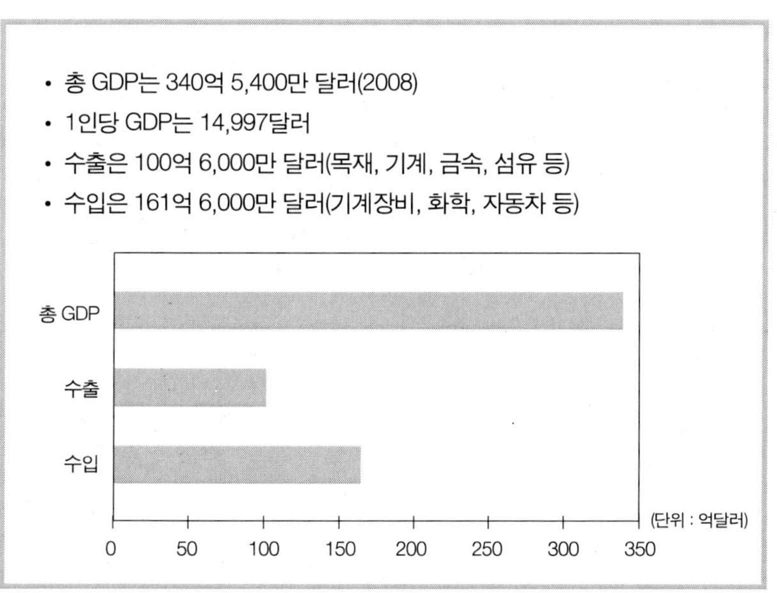

투아니아, 핀란드 그리고 스웨덴이다. 라트비아에서는 모든 국영
기업 가운데 97%가 민영화될 예정이다. 이 민간 분야는 현재 GDP
의 약 66%, 고용의 70%에 달한다.

1.3 리투아니아 (Lietuvos Respublika; Republic of Lithuania)

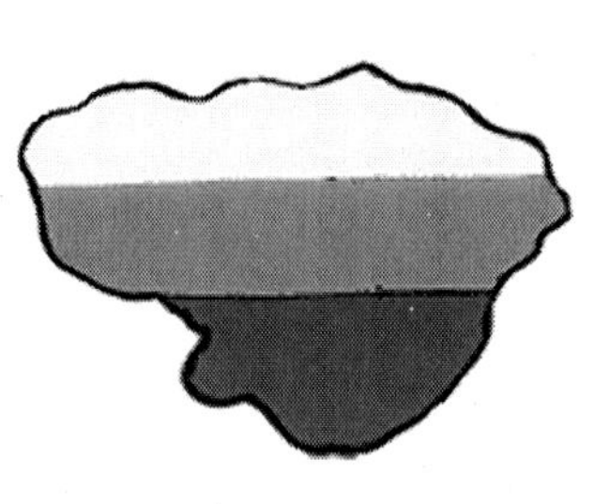

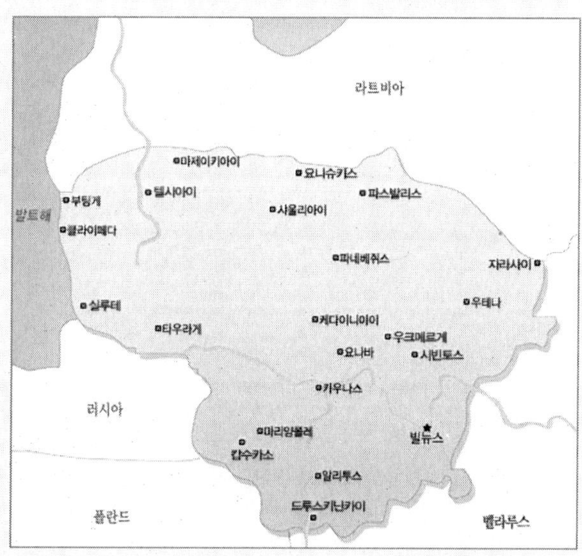

발트해 동쪽 연안에 접해 있는 리투아니아 역시 많은 역사적 변천을 겪었지만, 중세 때에는 발트 지역에서 가장 강력한 국가를 형성한 적이 있을 정도로 강성했다. 그러나 2차 세계대전 중 1940년에는 소련, 1941년부터는 독일의 지배에 놓이다가 1944년 다시 소련군에 점령되어 소비에트공화국의 일원이 되었다. 1991년 마침내 소련으로부터 독립하게 된다.

환경

리투아니아는 북위 53°~56°, 동경 20°~27°의 발트해 동쪽 연안에 위치한다. 리투아니아는 북유럽이나 독일문화의 영향이 강한 다른 발트국보다 슬라브 문화의 영향이 상당히 강한 곳이었다. 라트비아나 에스토니아는 그 입지적인 면에서 해양성문화도 상당히 두드러지지만, 리투아니아는 그 내륙적 입지로 인해 해양성문화는 많이 보이지 않는다.

리투아니아는 발트해 국가 중 면적이 65,301㎢로 가장 넓고 인구가 많다. 벨기에, 덴마크, 네덜란드, 스위스보다 약간 크며, 한반도의 1/4 크기이다. 북쪽으로는 라트비아, 남쪽으로는 벨라루스공화국과 루마니아에 접하고 있다. 99km의 모래 해안을 가진 연안국가로 국토는 758개의 강과 2,833개의 크고 작은 호수로 이루어진 삼림과 호수의 나라이다. 따라서 전체 국토 면적 중 49.1%만이 경작이 가능한 땅이고, 나머지는 22.2%의 목초지와 16.3%의 산림지로 구성되어 있다.

해양성 기후와 대륙성 기후가 혼합되어 있으며 겨울은 그다지 춥지 않고 여름은 온난한 온대성 기후이다. 사계절이 뚜렷하며, 연간 평균온도는 영상 7.5℃이다. 비는 많지는 않지만 매일 적당히 내리는 축축한 기후로 평균습도가 77% 정도이다. 1월과 7월의 평균기온은 각각 -5℃와 17℃이며 연 평균 강수량은 5,400~9,300mm로 해양성 기후와 대륙성 기후의 특징을 가지고 있고 대체로 온화한 기후를 보인다.

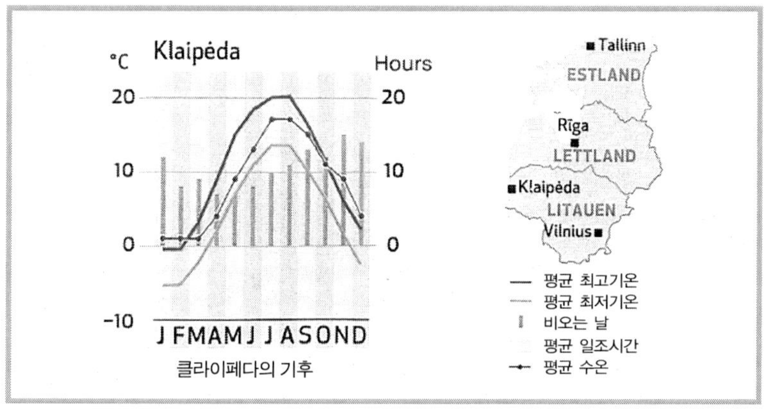

수도는 빌뉴스Vilnius이며, 큰 도시로는 제2의 도시 카우나스 Kaunas, 샤울레이Siauliai, 항구인 클라이페다Klaipeda 그리고 내륙도시 파네베지스Panevėžys가 있다.

리투아니아는 발트3국 중 가장 낙후되었으며, 농업의 비중이 크

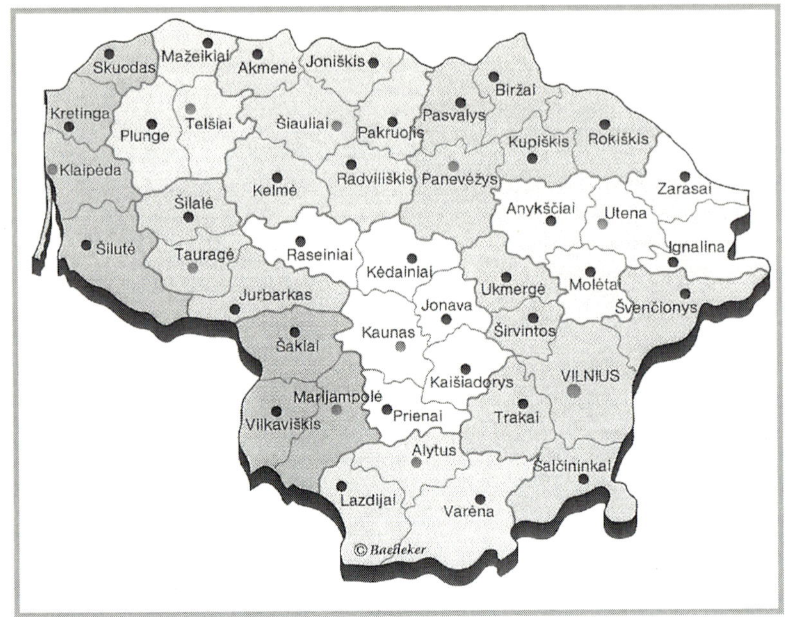

리투아니아의 지역 분포도

다. 1994년 현재 총연장 2,010km의 철도망을 가지고 있는데, 주노
선은 빌뉴스와 라트비아의 리가, 벨라루스의 민스크, 러시아연방
의 칼리닌그라드, 그리고 벨라루스의 그로드노를 경유하여 폴란드
의 바르샤바를 연결하는 선이다. 도로의 총연장은 1998년 현재 7
만 1,375km이며, 그 가운데 4,951km가 포장도로이다. 리투아니아
는 발트해와 접하는 부분이 작기 때문에 항만의 의존성은 낮은 편
이며 주된 항구는 클라이페다이다. 항공 교통망은 주로 구소련제
국과 연결되어 있으며, 몇몇 서구국가와 항공로도 개설되었다. 국
제공항이 빌뉴스와 시아울리아이 두 곳에 있고 국영인 리투아니안

항공이 암스테르담, 런던, 파리, 코펜하겐, 베를린 등을 운항한다. 수로는 총연장 600km이며 관광자원은 역사적 도시 빌뉴스와 발트해의 휴양지인 팔랑가, 네린가가 대표적이다. 빌뉴스 서남 28km에 있는 트라카이 성은 14세기 리투아니아 대공이 축조한 중세의 성으로, 호수 가운데 위치해 아름다운 호수와 삼림이 어우러진 관광지로 유명하다. 특히 농촌의 전원풍경이 아름답다.

사람

리투아니아의 총인구는 3,354,700만 명(2008년 기준)으로 아일랜드와 뉴질랜드의 인구와 비슷하다. 그중 약 2/3가 도시지역에 거주한다. 인종비율은 리투아니아인 82%, 러시아인 8%, 폴란드인 7%, 벨라우스인 1.5%, 우크라이나인 1%, 라트비아인과 유대인이 각각 0.1%이다. 그외 비타우타스 공작시기부터 살기 시작한 타타르인 등 기타 민족이 0.6%이다. 인구밀도는 $1km^2$당 57.36명이며, 1999년도를 기준으로 도시 인구의 비율은 68.37%로 비교적 균등하게 분포되어 있다. 취업인구의 약 37%가 공업에 종사하고, 농림업취업자는 약 30%이다. 리투아니아는 인구의 80% 이상이 리투아니아인이기 때문에 비교적 단일 민족이라 할 수 있으며, 러시아나 폴란드 소수 민족이 사회적인 문제를 일으키지는 않는다.

리투아니아인들은 타문화에 대해서 배타적이고 자기 고유의 문

리투아니아 수도 빌뉴스의 시내 모습

화를 보존하려는 경향이 강한 폐쇄적인 민족성을 가지고 있다. 구소비에트연방국가였을 때도 리투아니아 정부는 러시아인의 유입을 억제함으로써 리투아니아 민족주의를 완전히 포기하지 않았다. 따라서 이들은 결혼 등 혈연을 이루는 관계를 자기 민족 사이에서 유지하려는 단일 공동체적 특성을 보인다. 이들의 행동양식은 꾸밈없는 자연스러움 그대로를 간직하고 있어서 품위 있는 인상을 주기도 한다. 이러한 인상은 이들의 단점마저 가려준다. 그리고 그들의 사고 역시도 지극히 투명하고 명백해서 단선적으로 보이기도 한다. 자기 고유의 민족에 대해 강한 자부심을 가지기 때문에 그들은 자기 민족에 대해 상당한 가치를 부여한다.

이러한 민족애는 타문화에 대한 배타심과 경시감을 낳고, 중세 오랜 기간 지배했던 독일적 문화, 행동, 사고에 대한 멸시가 그 이유중 하나이다. 그러나 타인에 대한 배려와 협조심이 많다. 또한 사교적이고 호의를 베풀며 낭만적이고도 과감한 기질을 보여 준다. 이성적이고 냉철한 성향인 에스토니아인, 라트비아인들과는 대조적으로 리투아니아인들의 과격하고도 감정적인 성격은 1980년대 말에서 1990년 초에 일어난 독립운동의 모습에서도 그대로 반영된다.

리투아니아는 1940년 이전부터 발전된 교육체계를 갖추어, 1938년에는 전국에 2,600여 개의 초등학교와 98개의 김나지움이 있었다. 1991년 기준으로 중학과정을 포함하는 일반교육학교(의무교육기관)가 297개, 학생수는 51만 8,727명이며, 2차적 특수교육기관은 66개, 학생수는 5만 1,717명, 대학을 포함한 고등교육기관이 13개, 학생수 6만 9,547명이다. 리투아니아인들은 교육수준이 높아 1993년 당시 인구 1,000명당 67.3명의 학생이 대학이나 고등교육기관에 다녔다. 이러한 수치는 에스토니아의 25.9명, 라트비아의 49.0명보다 높은 교육수준을 나타낸다. 그리고 인구 1,000명당 46.4명의 학생이 직업학교에 다니고 있었으며, 이는 이웃 에스토니아의 18.6명과 라트비아의 36.1명보다 높았다. 리투아니아의 문맹률은 1994년 당시 1%에 불과했다.

리투아니아의 교육체계는 세계대전을 거치는 동안에 더욱 발전되었다. 구소련은 기존의 교육체계에다 정치적, 이데올로기적인 교육과 교육방침을 더했다. 1991년 독립한 리투아니아는 여전히 구소련식의 조직체계를 유지하였지만, 리투아니아식의 교육체계로 바꾸어갔다. 1978부터 중등교육이 의무교육으로 되었으며, 모든 교육행정은 교육문화부에서 담당하고 있다. 리투아니아의 연구소는 각각의 목적이 분리되어 있다. 1990년에는 46개 연구소에서 15,400명의 과학자를 고용하였다. 가장 활발한 연구는 발트어에 대한 연구이며, 심장 관련 의학분야와 농업분야에서도 다른 나라보다 앞선 연구를 하고 있다.

리투아니아의 인구구성

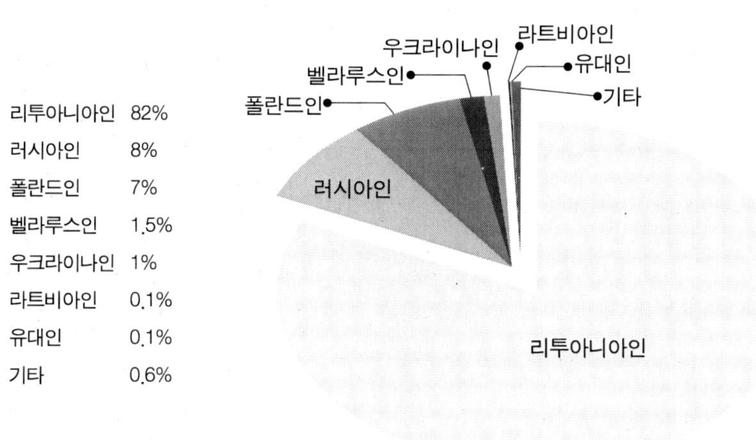

리투아니아는 농업활동에 관련된 많은 신들을 숭배하던 민족으로 모든 자연의 물체는 각자 그 안에 영혼을 가지고 있다고 믿었다. 특히 발트지역에서 떡갈나무는 죽은 이들의 영혼이 깃드는 나무로 아직까지도 발트인들에게 특별한 의미를 가진다. 리투아니아인들은 신들이 모두 농작물과 가축들의 성장에 중요한 역할을 담당한다고 믿었다. '사울레'는 태양의 신, '페르쿠나스'는 신들 중 최고로 천둥을 주관하는 신, '라이메'는 사람들의 운명을 주관하는 여신, '아우슈리네'는 새벽의 신으로 불린다.

또한 리투아니아인들은 사후세계도 믿었다. 그러나 현재는 완전한 가톨릭 국가로 사람들의 생활 속에 교회가 차지하는 비중이 아주 크고, 다른 발트국가들에 비해 아주 신심이 깊은 민족이다. 그럼에도 리투아니아는 유럽에서 가장 늦게 기독교화되었다. 아직도 교회행사에는 이교도적 형태가 많이 남아 있다. 국민 대부분이 가톨릭으로 79%를 차지하지만, 소수의 루터교와 캘빈교 신자도 있다. 러시아 정교도 4%가 있으며 러시아 구교도 아직까지 존재한다. 유대교와 개신교는 2%밖에 안 되지만 있기는 하다.

정치와 경제

리투아니아의 정치는 대통령제이다. 현재 대통령은 그리바우스카이테Dalia Grybauskaite 대통령(2009년 7월~)이며, 수상은 쿠빌리우스Andrius Kubilius(2008년 12월~)이다. 대통령은 5년을 임기로 하며, 시민들의 직접선거로 선출된다. 대의기구는 '세이마스'로 4년의 임기를 가지는 141명의 임원으로 구성된다. 정당은 노동당, 사민당, 사회자유당, 조국당, 자유중도연합, 농민당, 폴란드 선거연맹, 자민당으로 구성되며, 정부는 중도우파의 성향을 띤다.

리투아니아 외교정책은 일차적으로 발트3국 간의 협력정책에 있다. 다른 핵심적 외교정책은 다국간 기구, 특히 국제금융기구인 IBRD(International Bank for Reconstruction and Development, 국제부흥개발은행 또는 세계은행) · IMF(International Monetary

Fund, 국제통화기금)·개발을 위한 유럽은행 등에 적극적으로 참여하는 것이다.

외교적 목표의 다른 하나는 북유럽 및 폴란드와 밀접한 관계를 수립하고 나아가 유럽연합에 가입함으로써 서방국가의 협조를 더 끌어내는 일이다. 독립 이래 현안이 되어 있던 리투아니아 주둔 러시아군 철수가 1993년 8월 31일 완전히 실현되었는데, 다른 발트국가에 비해 러시아군 철수가 가장 빨리 이루어진 곳이다. 소련군의 전면 철수는 리투아니아 자체의 군대창설 필요성을 제기하였고, 리투아니아는 1991년 9월에 UN(United Nations, 국제연합)에 가입하였으며, 1994년 1월에는 구 소련 국가들 중 처음으로 NATO(North Atlantic Treaty Organization, 북대서양조약기구)에 가입하였다. 1992년에는 IMF와 IBRD, 1993년에는 유럽평의회, 2001년에는 WTO(World Trade Organization, 세계무역기구)에 가입하였다.

리투아니아의 화폐는 '리타스litas'이며, 경제는 매우 개방적이다. 유럽연합이 교역 파트너로서 점차 중요해지고 있는 시점에서 리투아니아는 새로운 시장을 찾고 현존하는 시장에서 시장점유율을 확대하는 데 목표를 두고 있으며, 자유로운 외국교역 정책을 채택하고 있다.

유럽연합과 리투아니아의 교역은 2001년 이후 꾸준히 증가하고 있다. 수출은 20%, 수입은 18.4%이다. 2001년 유럽연합에 대한 리투아니아의 수출은 총수출의 47.8%에 달했고, 수입은 총수입의

44%에 달했다. 리투아니아에 대한 유럽연합의 수출은 34억 유로이며, 수입은 26억 유로이다. 부문별 교역을 살펴보면, 기계류와 자동차가 유럽연합의 대 리투아니아 수출에서 가장 큰 영역이며, 섬유와 광물제품이 리투아니아로부터 수입하는 유럽연합의 가장 큰 부문이다.

거시경제적 발전은 일반적으로 긍정적이다. 경제가 1999년 러시아 위기 때 심각하게 영향을 받았지만, 최근 몇 년간 강한 회복세를 보이고 있다. 러시아 위기와 러시아에 대한 리투아니아의 수출에 입힌 충격은 1999년 GDP의 심각한 하락이라는 결과를 낳았다. 이는 통화와 재정결손의 현저한 증가를 동반했고 또한 실업률 증가를 동반했다. 이 위기는 또한 투자와 대중소비 그리고 대외교역에 있어서 심각한 문제를 낳았다. 단지 개인의 소비만이 상대적으로 안정적이었으며, 이것이 총수요를 안정되게 했다. 총 GDP는 473억 400만 달러(2008), 1인당 GDP는 14,085달러이다. 2008년도 기준 무역은 수출에서 237억 3,200만 달러(광물, 섬유, 의류, 기계장비 등), 수입에서 310억 9,300만 달러(광물, 기계, 수송장비 등)이다.

그러나 경제는 그 위기로부터 신속하게 회복되었으며, 그때부터 강력한 성장을 유지해왔다. 나아가 거시경제적 안정성도 회복되었다. 이런 회복은 주로 매우 강력한 수출실적에 의해 이루어졌으며 수출은 연간 7.4% 성장했다. 그러나 이것이 최근 몇 년간 통화결손의 현저한 감소로 이어졌다. 일반적인 정부예산의 결손은

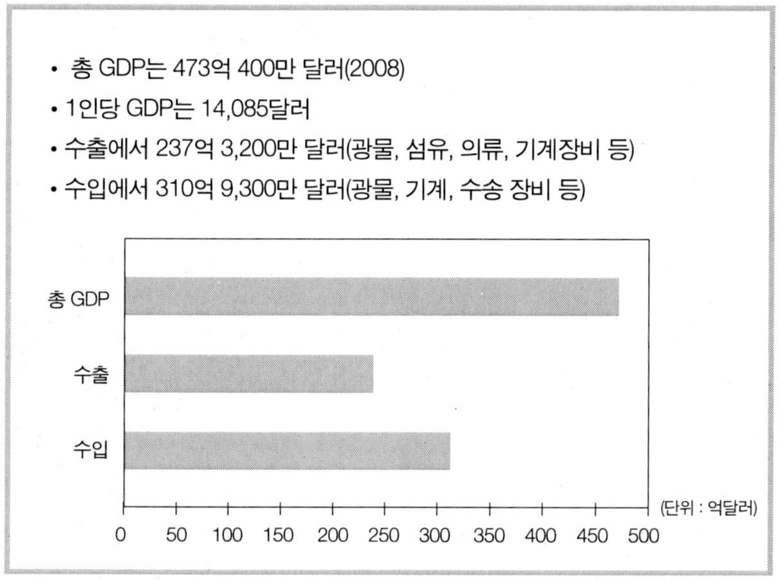

정책이 상당히 엄격해짐에 따라 결과적으로 줄어들었다. 이런 정책적 입장은 통화평의회의 합의와 강력한 FDI의 유입에 의해 지지되었다.

2001년 성장은 평균을 넘었고, 이는 주로 수출과 투자에 의해 견인된 것이었다. 수출은 20.8% 증가했으며, 총 고정투자는 10.6% 증가했다. 2002년 전반기 동안 성장은 강력하게 지속되었고 매년 5.8%에 이르렀다.

비록 개혁들 가운데 몇몇은 느린 진보를 보이긴 했지만, 구조적인 개혁의 영역에서 중요한 진전이 있었다. 민영화의 과정은 유연했으며, 현재 마지막 단계에 와 있다. 지금은 완료된 은행업 분야의 성공적인 민영화는 그 분야의 발전을 뒷받침했다. 비록 여전히 진행 중이지만, 에너지 부문의 구조조정과 함께 또한 중요한 진보도 이루어졌다. 그러나 기업부문의 구조조정은 전체적으로 느리며, 이는 부분적으로 효과적인 법률제정이 부족한 탓이다. 새로운 파산 및 기업 구조조정 법안은 2001년 발효되었다. 그 법안들의 이행은 성공적이었으며, 경제 전반에 걸친 구조조정에 속도를 붙였다.

이 과정에서 또 다른 중요한 요소는 국가보조의 현저한 감소이다. 비즈니스 환경의 개혁이 추진력을 얻은 것이다. 이러한 중요한 성취들에도 불구하고 경제적으로 관련된 많은 영역에서 행정적인 능력은 여전히 뒤떨어져 있다.

1.4 유럽연합(EU) 회원국으로서 현황

에스토니아

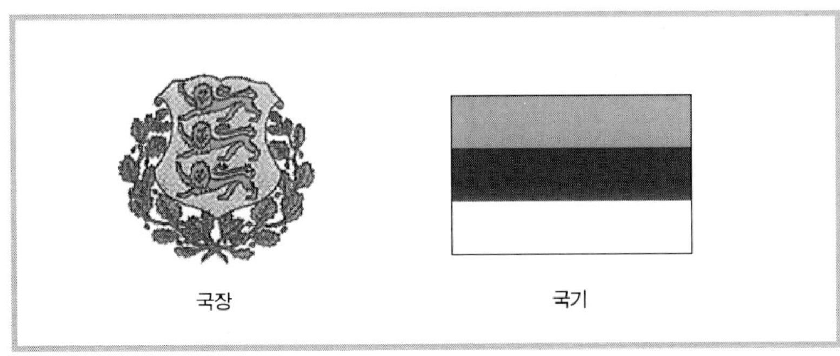

국장　　　　　　　　국기

　1980년대 말 구공산권 체제의 붕괴와 함께 중·동유럽 국가들과 주변 국가들은 EU 가입에 관심을 가지게 되었고, 서유럽에서도 유럽공동체의 확대가 본격적으로 논의되었다. 그러나 에스토니아는 EU 가입에 대한 논의가 구체화되기 전부터 과감하게 시장경제 체제로 전환을 시도했다. 홍콩과 같이 거의 완전한 자유경제체제를 구축하려고 하였다. 신규 가입국 중 에스토니아는 상대적으로 개방도가 매우 높은 나라로서 EU 이외의 시장국가에 수출하는 비중도 상당히 높아서, 1989년에 시작된 가격 자유화는 1990년대에 거의 완수되었다.

　단지 주류, 담배, 자동차 연료 및 난방 등에만 행정적인 가격 규제가 남아 있었다. 토지를 제외한 민영화 작업도 거의 완성되었고, 민간 부문이 GDP에서 차지하는 비중은 80%에 달했다. 민영화 방식은 핵심 투자가들에게 공개입찰을 하고, 구조조정과 신규투자에 대해 협상하는 방식으로 진행되었다. 외국의 투자자들은 에스토니아의 기술과 생산적 노동력, 저비용의 토대와 편리한 교통 및 통신 시설에 높은 점수를 주었다.

1992년 통화개혁으로 루블화권에서 벗어나자마자 경성예산제약을 도입하여 거시경제 안정을 도모했다. 농업보조금을 포함해 국가보조금은 전면 폐지되었다. 가장 급격한 정책은 대외무역에서 일방적인 무역자유화 정책을 추진한 것이었고 국가독점무역과 수입 쿼터제가 1992년까지 제거되었으며, 수입평균관세도 1993년 1.4%까지 떨어졌다. 1997년 채택된 토지개혁법에 따라 토지 소유의 민영화 작업이 진척되면서 토지거래가 급속히 증가하고 있다. 물적자본 및 인적자본 모두에 대한 투자가 증가하여 성장 잠재력을 높이고 경쟁력을 제고시키는 데 기여하고 있다. 특히 고등교육 수준이 매우 높아 20세 기준으로 42% 정도가 대학교육을 받고 있는데, 이는 EU 수준에 필적한다.

그러나 에스토니아가 EU 가입으로 인해 오히려 경제자유화를 제약받을 수 있다는 것이 문제점으로 지적되고 있다. EU 가입 시 대외 공동관세를 부과해야 되고, EU가 역외국에 대해 적용하는 반덤핑조치, 원산지 규정, 기술 규준 등 비관세장벽을 다시 도입해야 하는 것이다. 다른 국가와 맺었던 자유무역협정도 포기해야 되고, 공동농업정책에 편입됨에 따라 농산물 교역도 보호주의적인 것으로 전환하여야 한다. 이러한 상황은 다른 후보국들에서 찾아볼 수 없는 독특한 것이다.

　　2002년 이후 지방정부의 재정이 급속히 악화되었는데, 이는 중앙정부의 흑자로 메우고 있다. 이 문제의 해결을 위해서는 예산 수립 및 집행과정에서 중앙정부와 지방정부 간의 조정이 필수적이다. 10%가 넘는 실업문제를 해결하기 위해서 노동시장의 유연화뿐만 아니라 직업교육 및 평생교육을 강화시켜야 한다. 그와 더불어 우수 인재가 서유럽으로 유출되는 것도 막아야 할 처지이다. R&D에 대한 지출을 국제수준으로 끌어올리는 것과 에너지 부문의 자유화, 연금 및 의료제도의 구조조정이 향후 개혁의 최대 과제로 지적되고 있다.

　　그럼에도 에스토니아의 성장 가능성은 여타의 신규가입국들에 비해 높다고 할 수 있다. 가장 중요한 이유로서 1차 산업 생산의 비중이 높은 다른 국가에 비해 소득가치가 높은 첨단 통신 설비 산업이 발달해 있기 때문이다. 정보 및 통신기술에서는 서유럽 국가들과 비교할 수 있고, 전자 정부와 같은 정부 주도의 혁신적 사업에서는 오히려 이를 능가하고 있다. 에스토니아에서 ICT는 관료 정치를 지양하고 국민에게 다가가는 정부가 되기 위한 수단으로 고려될 뿐 아니라 중대하는 생산성과 국가 경제에 있어서 적합성을 가진 설비로 큰 기여를 하고 있다.

　　앞서 말한 바와 같이 에스토니아의 가장 큰 장점은 개방성에 있다. 특히 새로운 기술과 혁신에 대해 개방적이기 때문에 경제의 세계화와 빠른 기술적 변화를 겪고 있는 현 시점에서 시너지 효과를 얻을 수 있을 것이다. 에스토니아는 동유럽 국가들과 달리 국민들의 인터넷 사용과 인터넷 뱅킹, 전자 세금 신고, 모바일 파킹 등과 같은 휴대전화에 의한 서비스들이 일반화되어 있다. 여전히 목재, 암석과 같은 자원개발 산업과 음식료 산업이 수출에서 큰 비중을 차지하기는 하지만 장기적인 개발 계획에서 볼 때 고부가가치 산업의 성장 비율이 높게 나타남으로써 경제 활성화에 밝은 전망을 보인다.

이제 유럽연합은 다국가 간의 공동경제정책에 만족하지 않고 완전한 '하나의 국가'로 실현됨을 앞두고 있으며, 그를 위해 유럽 헌법이 각국의 인준 단계만을 남겨두고 있다. 경제력이 곧 국가의 힘인 세계 질서 속에서 그리고 새로운 슈퍼 파워로 등장하게 될 유럽연합 속에서 에스토니아의 역할은 결코 작지만은 않을 것이라는 사실은 확실하다.

또한 최근 2010년 6월 7일 EU 27개 회원국 재무장관들은 에스토니아의 유로존 가입안을 통과시켰다. 17일 EU 이사회의 최종 결정 이후 에스토니아가 2011년 1월 1일부터 유로 통화권에 공식적으로 포함되었다. 유럽연합 재무장관들은 2010년 8월 월례회의를 열어 에스토니아의 유로존 가입요청을 받아들이기로 의견을 모았다. 이에 따라 2011년 1월부터는 유로화를 사용하는 나라가 현재의 16개국에서 17개국으로 늘어났다.

라트비아

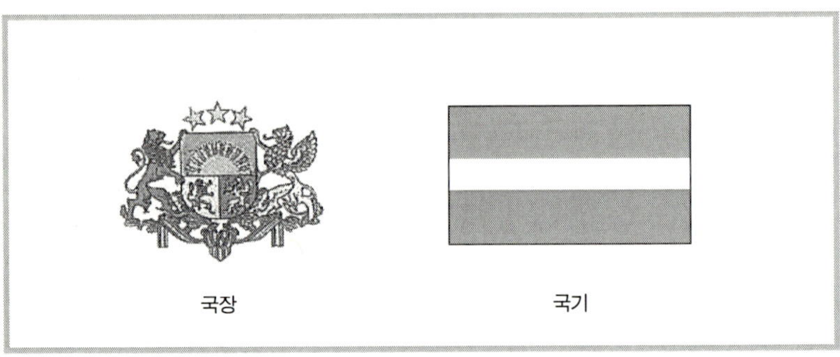

국장 · 국기

    1997년 이전에 전기, 가스, 수도 및 전화 서비스와 같은 공공서비스의 가격을 제외한 상품 및 서비스 가격이 자유화되었다. 2003년까지 국가 소유의 대기업 중 선박회사 LASCO가 매각되었고, 국영 가스회사(Latvijas Gaze)와 국영은행(Krajbanka)의 정부지분이 이루어졌다. 민영화 추세에 힘입어 2001년 GDP의 69%가 민간부문에서 생산되었다.

    토지개혁도 거의 마무리되어 농지의 90%가 사유화되었다. 그러나 생산성이 낮은 소농이 대부분이라는 것이 농업개혁의 걸림돌로 작용하였다. 시장진입이나 퇴출에 대한 법적 장벽도 거의 남아 있지 않다. 그러나 시행을 위한 사법 및 행정 역량이 부족하다고 지적되었으며 기업 설립을 위한 법적 체계가 2002년 1월 발효된 새로운 상법과 함께 갖추어졌으나, 법을 집행할 행정능력의 부재가 문제였다. 금융부문의 민영화도 잘 추진되어 전체 은행의 3.7%

만이 국가 소유로 되어 있지만 비은행 금융기관이 잘 발달되어 있지 못하고, 금융부문 전체의 중개 기능이 아직은 미약하다.

교육수준은 높은 편으로 전체 인구의 14.4%가 대학교육을 받았다. 그러나 이공계 대학생의 수가 적어 숙련노동이 부족한 상태가 지속되고 있고, 노동 이동도 원활하게 이루어지지 못하고 있다. 노동 이동을 활성화하기 위해 수송 인프라 등의 구축이 시급한 과제로 떠올랐다. 교사에 대한 보수가 매우 낮아 농촌지역에서는 양질의 교사를 확보할 수 없어 이에 대한 개선책이 마련되기도 하였다.

외국인 투자를 유치하기 위한 여건이 개선되었지만, 제도적·행정적 결함으로 새로운 기업을 창출하는 것이 여전히 용이하지 않다. 세제감면, 창업컨설팅 등 중소기업을 지원하기 위한 여러 정책이 시도되었으나, 기업가 정신은 여전히 낮다. 최근 재정악화가 우려되고 있다.

리투아니아

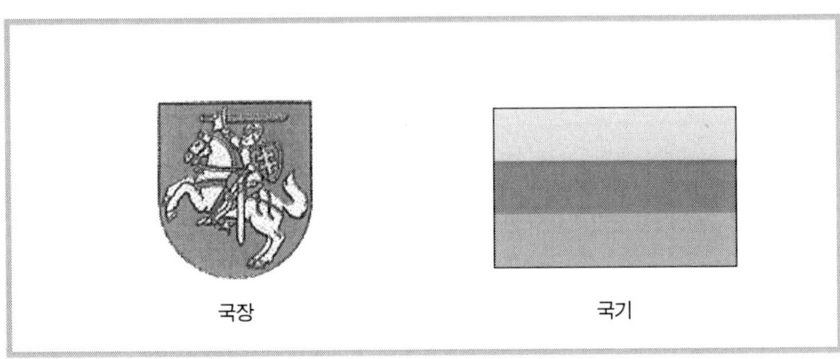

　　가격 자유화는 시장경제로 이행하는 초기에 이루어졌지만, 에너지, 급수, 공공 아파트 임대료, 오물수거, 우편 및 전화요금, 수송서비스, 특정한 약품에 대한 가격규제는 계속되고 있다. 농업부문 및 중소기업의 민영화는 완결되었다. 에너지, 선박, 철도, 항공서비스와 관련된 소수의 대기업만이 민영화 대상으로 남아 있다. 2003년 말까지 리투아니아 항공사의 민영화가 계획되어 있고, 리투아니아 철도에 대한 구조조정 계획도 세워져 있다. 또 2001년 리투아니아 예금은행, 2002년 리투아니아 농업은행의 매각으로 은행부문의 민영화가 완전히 이루어져 현재 모든 은행이 민간 소유로 되어 있다. 이런 민영화 결과로 2001년 GDP의 70%가 민간부문에서 이루어지고 있다. 2001년 7월에 발효된 파산법과 기업구조조정에 관한 입법으로 기업파산이 크게 증가하여 구조조정이 효율적으로 이루어지게 되었다. 그러나 농업과 사회간접자본 부문에서는 연성예산제약 관행이 여전히 남아 있다. 또 지나친 규제로 인해 기업들의 투자 및 사업 환경이 부적절한 것으로 평가되었다. 법규가 투명하지 않고 모순적이며, 자주 변경되는 것과 부서 간 협조가 제대로 이루어지지 않는 행정력의 부재도 문제로 지적되었다.

1995년 은행위기를 경험한 후 EU 기준에 맞춘 은행감독제도를 도입하였다. 은행의 중개업무는 증가하고 있으나 아직 낮은 수준에 머물고 있다. 비은행금융기관의 발달도 미미한 편이다. 정부재정이 악화되고 있는데, 탈세 및 세금누수를 방지하는 대책을 포함한 신뢰할 만한 중기정책의 수립이 절실하다. 대학교육 등록률이 2001년 54%로 상대적으로 높은 편이다. 대학졸업자의 상당수가 엔지니어링, 제조업, 건설업 등에서 종사하고 있으나 교육체제가 시장의 필요와 부합되지 않는다는 지적이 있다. 높은 실업률을 줄이기 위해서 교육제도 개혁과 함께 노동시장을 유연화하고 고용을 촉진하기 위한 적극적 정책이 필요하다.

R&D에 대한 지출은 1997~2000년 동안 GDP의 0.56%로 국제수준에 못 미친다. 중소기업육성을 위한 정보센터 운영, 인큐베이터 프로그램 도입 등 다양한 지원책에도 불구하고 중소기업의 성장이 저조한 편인데, 자금 확보의 어려움이 그 원인으로 지적되고 있다. 악화상태에 있는 공공 재정 상태를 개선하기 위해 연금제도의 개혁이 요구되고 있다.

II

발트3국의 역사

II. 발트3국의 역사

　　기록에 의하면, 발트국 해안지역에 최초로 등장한 외지인은 중세 저지독일어를 사용하는 북부 독일의 상인과 선교사들이었다. 지금으로부터 약 800년 전 12세기 말, 우리의 역사에서 보면 고려 중기에 해당한다. '독일기사단Deutscher Orden'은—제3차 십자군 원정 때 일명 '튜턴기사단Ordo Teutonicus'으로—한자상인들 행렬에 합류하여 오늘날 라트비아의 리가가 위치한 다우가바 강 하구로 이동했다. 종족별 기원이 각기 다르지만, 발트해 연안에는 기원전 6000년부터 사람이 살았다고 한다. 그러나 이 지역에 살던 사람들이 오늘날 발트인들의 조상이었지는 아직도 확실하지 않다.

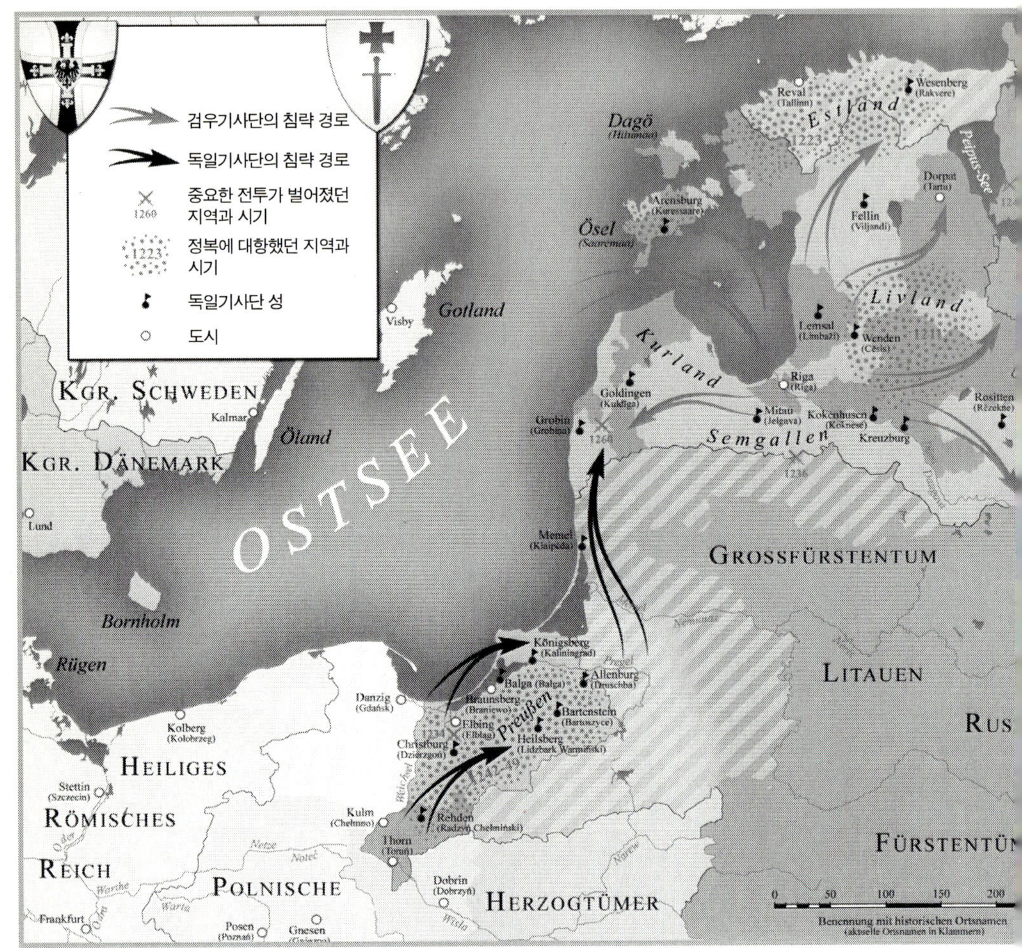

1260년경 독일기사단의 영토

이곳은 기원전 1000년경부터 종족의 모습을 갖춘 에스트인과 리브인, 쿠르인, 프루센인, 레트인, 리투아니아인 등 여러 소수민족들이 정착하여 토착민으로 살고 있었던 평화로운 곳이었다. 그러나 평화가 상업과 종교라는 이름으로 깨지고, 자유가 정복과 억압으로 짓밟히는 운명의 날들은 식민지 개척의 역사이자 식민지 출발의 역사이기도 하다.

발트3국의 공통적인 역사는 13세기경 독일기사단이 기독교와 봉건주의를 가지고 들어오면서 시작되었고, 이후 덴마크-스웨덴-폴란드-러시아-독일 등의 인접 강대국들이 발트3국 지역을 두고 각축을 벌이게 되면서 각국의 역사가 뒤엉키기 시작하였다.

18세기 후반 발트국 지도

1918~1945 발트국 지도

1582년경에는 에스토니아 북부를 제외한 발트3국 전체가 폴란드–리투아니아 연합국의 지배하에 들어갔다. 19세기에는 이 지역이 제정 러시아의 지배하에 들어가기도 했다. 당시 독일인 제후들과 스웨덴인 지배층들이 러시아 황제에게 충성을 다했기 때문에 이 지역은 자치권을 인정받았고 오히려 독일문화가 많이 퍼졌다.

1차 세계대전이 끝나면서 발트3국은 독립국이 되었다. 그러나 독일–소련 불가침 조약이 체결됨에 따라 나치 독일은 소련이 발트3국 거의 모두를 합병하는 것에 동의했다. 단기간의 소련 통치 후 독일이 침공했으며 2차 세계대전 말기에는 다시 소련이 침공하게

되었고 2차 세계대전 이후에 발트3국은 다시 소련에 합병되었다

2차 세계대전 종전 후 1991년 소련이 해체될 때까지 발트3국은 소련의 점령하에 있었다. 이들은 1990년에 독립을 선언하였으며 소련은 1991년 9월 6일 발트3국의 독립을 인정하게 된다.

발트3국은 신생국이 아니라 1차 세계대전과 2차 세계대전 사이 존재했던 독립국이 복원된 것이라고 자처했다. 이로써 그들은 냉전 시대 소련의 지배가 불법점령이었다는 그들의 주장을 재차 강조하였다.

2002년 발트3국은 북대서양 조약기구와 유럽연합(EU)에 가입을 신청함으로써 오랜 정치적 숙원이자 소련 탈퇴 후 주된 목표이던 서유럽과 통합을 달성하는 데에 첫걸음을 내디뎠다. 그리하여 2004년 3월 29일 북대서양조약기구에, 2004년 5월 1일에는 유럽연합에 가입하여 소련 공화국으로서의 과거를 완전히 청산하고 새로운 역사를 시작한다. 오늘날 발트3국은 자유민주주의 의회공화국으로 시장경제는 빠르게 발전하고 있다.

2.1 에스토니아

기원에서 중세까지

지금 현재의 에스토니아에 사람이 거주하기 시작한 것은 빙하기 이후 1만 년 전인 것으로 추정하고 있으나, 13세기 무렵 강대한 이웃나라들의 침략의 장이 되면서부터 역사에 나타나게 되었다. 라트비아와 에스토니아의 역사는 그 지역에 살고 있던 민족들과 그들의 땅 위에 '리브란트'라는 또 다른 나라를 만든 독일인의 역사와 또 근대 이후 그들을 지배한 러시아의 학정의 역사와 동시에 진행되었다고 볼 수 있다.

12세기까지 에스토니아는 특별한 통일왕국을 건설하지 못한 채 8개의 종족이 자신들의 공동체를 이루어 지배하였고, 특히 섬지역 사레마Saarema에 살던 종족은 해적으로서 명성이 자자하여 스칸디나비아를 호령하는 사람들이었다. 역사적 기록에 의하면 1187년 사레마 해적들은 당시 스웨덴의 수도 식툰Sigtun을 멸망시켰고, 그 폐허를 재건하지 못한 스웨덴 사람들이 현재의 수도 스톡홀름으로 수도를 옮겼다는 말이 있을 정도로 강인한 기질을 가진 민족이었다.

13세기 에스토니아를 점령한 독일기사단은 다른 발트인들처럼 자신들의 신앙에 바탕을 둔 다신교 신앙을 가지고 있던 에스토니아인들에게 기독교를 전하기 시작했다. 그 이전에도 이미 에스토니아인들이 직접 세운 교회가 존재하긴 했지만, 정치적 권력으로서 기독교는 라트비아에서와 마찬가지로 극렬한 반대를 불러 일으켰다. 이 때문에 본격적인 독일인들의 선교활동은 독일 브레멘의 주교 북스헤브덴Buxhoevden이 현재 리가에 진출하고 난 후 느린 진척을 보였다.

1208년부터는 에스토니아를 기독교화하려는 독일인들뿐 아니라 러시아, 스웨덴 사이에서 에스토니아를 차지하려는 욕구가 강렬해지자 북스헤브덴은 덴마크의 왕 발데마르와 손을 잡고 연합군을 구성한 다음 탈린을 정복했다. 발데마르는 1219년부터 '덴마크인의 도시'라는 뜻의 탈린이라는 도시를 건설하기 시작했다. 그 후 1346년 덴마크가 탈린을 리브란트에 은 약 4.5톤을 주고 팔아버릴 때까지 1세기 동안 덴마크의 지배에 있게 되었다.

이러한 덴마크인과 독일인의 진출은 700년 동안 지속된 외정의 서막에 불과했다. 독일인들은 리투아니아를 끝내 차지하지 못했지만, 라트비아와 에스토니아 영토 내에 리브란트라는 나라를 건설하고, 리브란트 직속의 '리브란트기사단(검우기사단)'을 창설하였다.

독일기사단 문양

독일기사단

리브란트는 라트비아 및 에스토니아의 옛 명칭으로, 이들 나라의 원주민인 핀계(系) 리브인의 이름에서 유래하였다. 라트비아인을 주체로 에스토니아인의 점령이 있었으나, 12세기 이후 덴마크인과 독일인의 강점이 적극화하여 13~16세기에는 리가를 중심으로 독일기사단이 지배하였다. 당시의 기사단이 지배한 발트해 동안(東岸) 전역을 리브란트라고 하였다. 리브란트전쟁이 일어난 직후 기사단은 해체되고 폴란드의 지배하에 들어갔으나, 발트해 진출을 기도하는 러시아와 쟁탈전이 계속되었다.

외국인들의 폭정에 한계를 느낀 에스토니아인들은 1346년 4월 23일 현재 '성 유리 일의 폭동' 으로서 국가 기념일로 기념되고 있는 반란을 일으켰는데, 리브란트기사단이 이 반란을 진압하는 데만 2년이 넘게 걸렸다고 기록되어 있다. 결국 그 반란은 실패로 끝나 그 후, 리브란트와 주교구의 폭정은 더욱 심해졌다.

중세 후기와 근대

16세기 초 탈린, 타르투, 빌랸디, 페르누 등은 한자무역도시의 일원이 되어 많은 특혜를 받으며 번영을 이루었다. 루터의 종교 개혁에서 발현한 개혁사상의 영향으로 최초로 에스토니아어로 된 서적이 발간되기도 했고, 에스토니아어로 진행되는 예배, 교육 등으로 에스토니아인들의 문화에 큰 개혁의 바람이 불었다. 그러나 리브란트의 경제가 강성해지고 인구가 늘어나는 등 평화의 시간은 너무 짧았다.

1558년부터 1626년까지 진행된 러시아, 리브란트, 리투아니아-폴란드 연합국, 스웨덴, 덴마크 등이 참가한 전쟁은 국토를 전쟁터로 만들었다. 폴란드와 스웨덴은 러시아를 리브란트에서 몰아내고, 폴란드는 에스토니아 남부를, 스웨덴은 북부를 차지함으로써 전쟁은 일단락되었지만, 전쟁이 끝난 후 이어진 기근과 질병으로 많은 인명이 목숨을 잃었다. 북부를 차지한 스웨덴은 에스토니아인들을 개신교로 개종시키기 위해, 그리고 에스토니아문학의 발전을 위해서도 힘을 기울여, 1739년에 에스토니아어 성경을 발간한다. 그 후 에스토니아는 18세기 초까지 스웨덴의 영향권 안에 남아 있게 되었다. 스웨덴의 통치기간 동안 가장 주목할 만한 것은 1632년 에스토니아 타르투에 최초의 대학이 설립되어 에스토니아에 대한 스웨덴 정책이 꽃을 피우게 되었다.

그러나 이후 1700년대는 북방전쟁의 시대였다. 러시아 표트르 대제가 유럽으로 접근할 수 있는 희망을 보여준 시기에 일어난 이 전쟁은 에스토니아의 인구가 급감하는 계기가 되기도 하였다. 러시아와 리브란트 사이에 일어난 이 전쟁과 그 뒤를 이은 기근으로, 기록에 의하면 단지 13만 5천 명의 에스토니아인만 살아남을 수 있었다. 북방전쟁의 결과 리브란트가 러시아의 손에 들어간 후에도 그곳에 살던 독일인들은 자신들만의 특권과 자치권을 가질 수 있었고, 모든 사회적 활동이 독일어로 이루어졌다. 그러나 차츰 독일 지주들의 특권에 한계가 생기면서, 1819년엔 차르의 명으로 발트

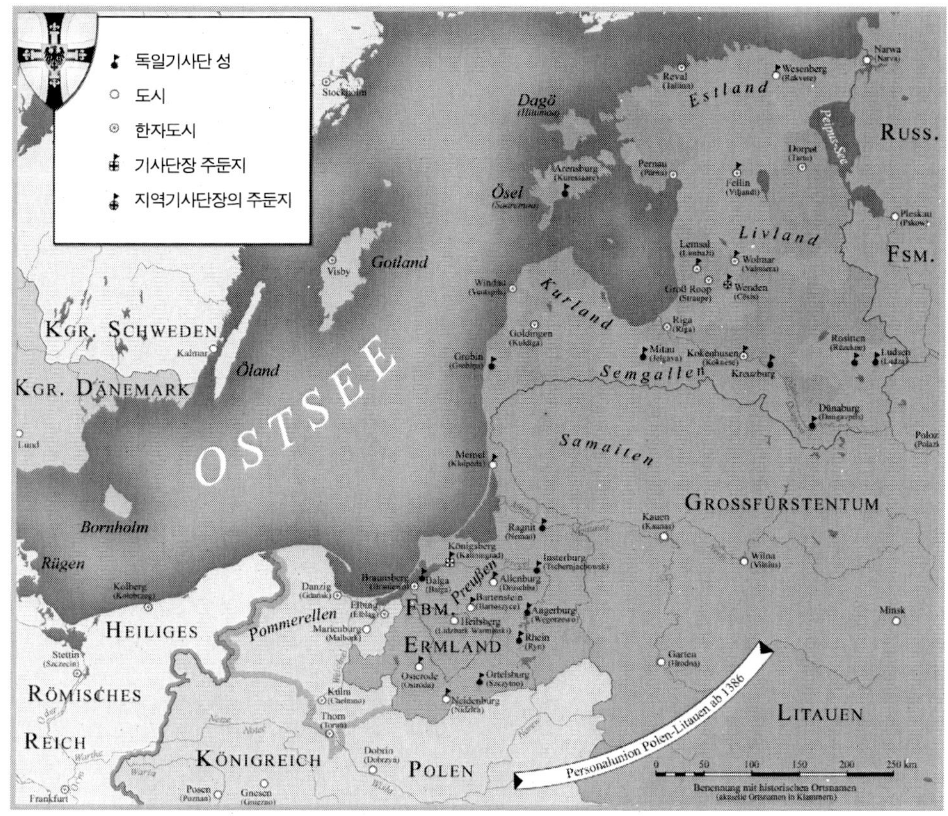

1466년경 독일기사단의 영토

지역 전체에 노예제도가 폐지되고, 그 후 자유를 찾은 농민들의 활동이 늘어나고 교육의 질이 높아지면서, 19세기에는 에스토니아 출신의 지식인들이 대거 진출하게 되었다. 특히 1857년에 볼데마르 얀센Valdemar Jannsen이 최초로 에스토니아어 신문 〈페르누의 우체부Pärnu postimees〉를 발간함으로써 에스토니아인들이 자신의 정체성을 새롭게 깨닫기 시작하게 된다. 볼데마르 얀센은 타르투로 활동 무대를 옮겨 〈에스토니아의 우체부Eesti Postimees〉라는 신문을 새로이 발간하고, 에스토니아 최초의 극단인 바네무이네Vanemuine극단이 결성되어 활동에 들어가는 등 타르투는 에스토니아 민족운동의 성지가 되었다. 당시 볼데마르 얀센의 딸 리디아 코이둘라Lydia Koidula는 여류 민족시인으로 모든 에스토니아인의 추앙을 받았다. 1869년에는 타르투에서 '전국노래제전'이 개최되었으며, 현재까지 그 전통이 이어져 내려오고 있다.

현대

19세기에는 수많은 민족 운동의 바람이 유럽 전역에 불어닥쳤다. 에스토니아도 예외가 아니었다. 1862년 에스토니아에서는 에스토니아의 민족서사시 「칼레비포에그Kalevipoeg」가 출간되었다. 그러나 1881년 러시아의 러시아화 정책이 심해지고 발트지역에서 독일인들의 권력이 붕괴되면서, 러시아어가 공식어로 등장하며 학교에서 에스토니아어 사용이 금지되는 등 가혹한 탄압이 이어졌다.

이러한 상황 가운데 러시아에 대한 극렬한 투쟁의 결과 1918년 2월 24일 에스토니아공화국이 선포되었다. 그러나 이것은 단지 서류상의 결정에 불과했다. 이날 에스토니아 해방위원회(콘스탄틴 팻츠, 위리 빌름스, 콘스탄틴 코닉)가 에스토니아공화국의 독립을 선언하고 탈린의 키다리 허먼 탑 위에 에스토니아 3색기를 게양하지만, 그 다음 날 독일인들은 에스토니아를 침공한다. 하지만 독일의 지배는 오래 가지 못했고, 독일이 패하자 에스토니아의 독립은 현실이 되는 듯했다. 그러나 그로부터 또다시 10일 후 소련군이 침략하여 에스토니아에서는 그들에 대항하는 독립전쟁이 시작되었고, 형편없는 무기와 숫자의 열세에 있던 에스토니아 군대가 소련군을 탈린 밖으로 몰아내는 데 성공하는 놀라운 일이 일어났다.

그러나 그것은 전쟁의 끝이 아니었다. 발트지역 독일인들은 본토 독일인들을 대신하여 군대를 조직하고 발트지역을 병합하려 시도했지만, 1919년 6월 23일 에스토니아군이 북부 라트비아에서 발트 독일군을 무찌르게 된다. 그리고 그해 12월까지 군력을 가다듬은 에스토니아군이 재침략한 러시아군도 섬멸하여, 1920년 타르투에서 에스토니아의 '영원한' 독립을 천명하고 두 국가 사이의 국경문제를 결정하는 '타르투 평화조약'에 서명하게 되면서 에스토니아는 국가연맹에 가입하게 된다.

최초의 독립 공화국 기간 동안 에스토니아는 외교적인 관계를 맺으면서 자신의 존재를 유럽 전역에 알렸지만, 그들의 독립은 1939년 독일 나치와 소련 간의 협정 서명으로 재차 박탈되었다. 1940년 소련의 점령 후인 1941년부터 1944년까지 독일 나치의 지배를 받지만, 소련은 1944년 에스토니아를 또다시 합병했다. 많은 인구가 해외로 망명하였다. 남아 있는 사람들은 학살당하거나 시베리아로 유배되었으며 그나마 살아남은 사람들은 새로운 삶의 방식에 적응해야 했다. 2차 세계대전 발발까지 에스토니아는 농업, 교육, 경제, 정치 분야에 괄목한 만한 성장을 보인다. 이러한 에스토니아의 경제적 성장에도 불구하고 에스토니아는 러시아와 독일 간의 비밀조약인 몰로토프-리벤트로프 조약에 의해 소련의 영향권 내에 들어가고, 소련의 강제 이주와 집단화가 시작되면서 발트3국은 소련의 공화국으로 전락하게 된다. 에스토니아도 다른 발트3국과 함께 철의 장막 속에 갇히게 되었다.

압제적인 소련의 지배는 소련이 갑자기 붕괴하게 될 때까지 50년간 지속되었다. 고르바초프가 페레스트로이카 정치를 펼치기 시작하자 차근차근 발트민족의 민족의식을 일깨우는 운동이 활발하게 전개되고, 1989년에는 탈린에서 빌뉴스까지 사람들이 손을 잡아 만든 '발트의 길' 행사를 통해 독립 의지를 만방에 알리면서, 마침내 1991년 8월 20일 에스토니아는 독립국가로서 새로운 역사를 시작하게 되었다.

2.2 라트비아

기원에서 중세까지

원래 라트비아와 리투아니아는 슬라브인들, 핀-우그르인들과 발트인들이 흩어져 살던 영토였다. 그리고 현재의 발트인들이 거주해 살기 시작한 것은 기원전 2000년쯤으로 알려져 있다. 라트비아 서쪽 반도 해안가와 현재 리가 만 해안가에 정착해 살던 핀-우그르족에 속하는 리브인들은 주로 어업활동을 하였다. 리브인들은 오랫동안 그 땅에 정착해 살았는데, 독일인들의 침략 후 발트인들과 동화되어 사라졌다. 발트인들과 비교해서 그 정착지역은 해안가에 한정되어 있었고, 인구도 적었다. 현재 리가 지역에 도착한 독일인들은 그 지역을 리브인들의 이름을 따서 '리브란트(리브인들의 나라)'라 명명하였고 리브란트는 프로이센과 함께 당시 독일과 멀리 떨어진 곳에 위치한 또 다른 독일이 되었다.

리브인 외에 또 다른 민족은 발트인들로(레트족이라고 불림) 기원후 2500년경부터 라트비아 전체에 각자의 소왕국을 건설했는데, 그 지역은 아직까지도 라트비아의 지역을 구분하는 기준으로 사용되고 있다. 라트비아 동부에는 라트갈인(라트갈레), 서부에는 쿠르인(쿠제메), 중부에는 젬갈인(젬갈레)들이 정착해 그들만의 고유한 문화와 전통, 방언을 발전시켜나갔다.

기원후 9세기까지 젬갈인들이 만든 젬갈레는 비옥한 토양을 바탕으로 하여 부강한 지역이 되었다. 젬갈레를 흐르는 리엘우페 강어귀에, 젬갈인들은 덴마크인, 고트인, 스웨덴인들과 무역을 하기 위한 항구를 건설하기도 했는데, 라트비아를 가로질러 흐르는 다우가바 강으로 해서 그들의 무역로는 흑해에까지 이르렀다. 그 당시의 주 무역품은 호박(琥珀)으로 발트호박의 가치는 그리스의 기록에서도 나타나 있고, 고대 이집트에서도 널리 쓰일 정도로 아주 유명하였다.

젬갈레 땅은 각각 다른 족장들이 지배하는 7개의 영토로 나뉘어져 있었다. 쿠르인들이 만든 쿠제메도 리투아니아, 프러시아 등과 무역을 하기도 하고 스웨덴과 덴마크로 진출하기도 했지만, 내륙에 위치한 라트갈레는 4개의 영토로 나뉘어 영토 확장에 더 큰 관심을 두었다.

1201년 당시 교황이었던 순결3세는 발트지역을 개종하기 위해 독일십자군이었던 '검우기사단' 을 라트비아로 보내는데, 브레멘의 주교였던 북스헤브덴이 리브인들의 정착지였던 리가에 교구를 설립하자, 그 땅을 지키기 위한 라트비아인들의 피흘리는 투쟁이 수십 년간 지속되었다. 마침내 독일기사단이 승리하게 되고 에스토니아를 포함한 리브란트를 건설하며 독일인을 불러들여 도시를

건설하고, 항구를 짓고, 그곳에 남아 귀족생활을 누렸다. 1282년에
는 리브란트의 수도였던 리가가 한자동맹의 회원도시로 승격되고,
북스헤브덴은 리브란트의 기사단 '검우기사단'을 창설하였다. 그
때부터 리브란트의 수도 리가는 부와 발전을 이루지만 라트비아인
들은 독일인들의 농노로서 수백 년간 그들의 학정에 신음하게 된
다. 러시아가 독일기사단의 영토를 얻고자 힘을 기울이던 해인
1561년 리브란트기사단은 패배하고, 그 후에 이어진 스웨덴과 러

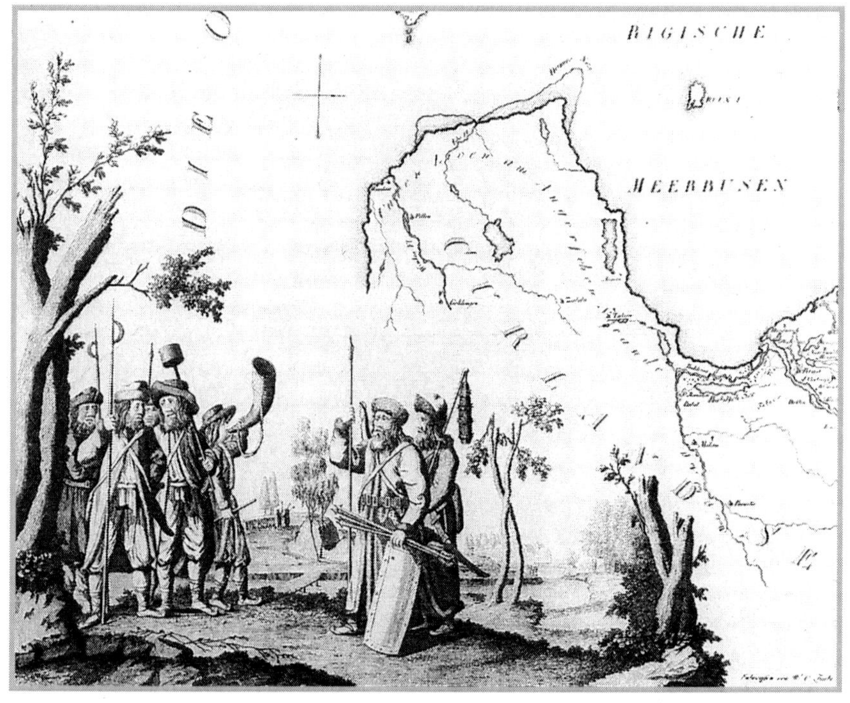

이교도의 강제화에 부딪친 이교도 리브인들이 십자군 기사단과 대척하는 모습

시아 간의 리브란트 전투 결과로 라트비아의 영토는 분할되어, 스웨덴은 라트비아의 북부를 차지하고 쿠제메와 젬갈레에는 폴란드의 독자적인 지배하에 공국(公國)이 건설되었다. 리가는 리투아니아–폴란드 연합국의 왕이었던 스테판 바토리에게 그 통치권을 넘겨주어 폴란드의 주요 항구로 바뀌게 되었다.

압제적인 폴란드의 권력은 무역인이건 지주건 농노건 할 것 없이 라트비아에 살던 모든 이들에게 억압적인 정치를 폈다. 이에 발트 원주민들에게는 도시에 살거나 돌로 집을 짓는 일, 무역인의 모임이었던 길드에서 활동하는 일이 모두 금지되었다. 개혁주의를 라트비아에 일으키기 위해 개혁주의 사상이 담긴 최초의 라트비아 서적이 리투아니아에서 발간되었다. 그 사이 반개혁주의 운동도 활발하게 일어나 폴란드에 거점을 둔 예수회가 독일인들의 영향으로 루터교가 주를 이루던 라트비아인들을 가톨릭으로 개종시키기 위해 안간힘을 쓰게 된 시기를 거친다.

중세 후기와 근대

1642년에서 1682년까지 케틀레르스 Jekabs Ketlers 공작이 지배하던 시대에 벤츠필스와 리에파야에 부동항이 건설되었고, 발트의 네덜란드를 만들겠다는 야망을 가지고 지역발전을 꾀했다. 그 당시에 만들어진 배가 대서양을 누비고 다녔으며, 토바고와 감비아에 해외식민지를 만들기도 했다. 그러나

1700년부터 1721년까지 있던 스웨덴과 러시아 사이의 '북방전쟁'
으로 그 꿈은 무산되고, 러시아 표트르 대제는 라트비아를 침략해
발트해의 지배권을 획득하게 된다.

1700~1721년 '스웨덴-러시아 북방전쟁'의 여러 장면들

현대

　　　　　19세기는 또 많은 혼란이 있던 시기였다. 농노제
가 폐지되고 교육도 늘어나 민족의식이 성장하는 시기가 시작된
다. 발데마르스, 바론스 등의 민속정리 및 창작활동, 크론발즈, 칼
닌스 등의 창작활동으로 라트비아인들은 자신들의 정체성이 무엇
인지 올바로 깨닫게 된다. 리가는 러시아 지배 때에도 무역으로 통
해 계속 발전을 이루지만 도시 이외 지역의 조건은 전염병이 도는
등 비참하기 이를 데 없었다. 그런 생존의 악조건과 러시아화 등에
분개한 농민들은 수차례에 걸쳐 반란을 일으켰으나 무참히 진압되
었고, 1905년에 있었던 발트혁명에는 독일인 지주와 러시아인까지
가세했다.

　1차 세계대전 때 독일이 라트비아 서부를 차지하고, 산업시설의
대부분이 러시아 내부로 옮겨가고 1차 세계대전이 끝나자 라트비
아 국민회의는 1918년 11월 18일 국가의 독립을 선언하였지만 주
권수호는 러시아와 그 지역에 주둔한 독일군 때문에 난항을 겪었
다. 그러나 온 민족이 하나가 되어 싸운 1920년 8월 11일 해방전쟁
의 승리로 러시아에서 평화조약이 서명되어 정식으로 독립을 인정
받게 되었다. 그때부터 1940년까지 라트비아는 농업개혁을 실시하
고, 경제성장을 비롯한 문화, 교육 분야에서 괄목한 성장을 한다. 2
차 세계대전이 발발하자 독일과 러시아 간의 비밀조약인 '몰로토
프-리벤트로프 조약'(1939)의 결과로 라트비아는 소련의 영향권
으로 넘어가고 마침내 소련으로 복속된다. 1941년 소비에트 정부

는 어린아이와 노인, 약 5,000명의 유대인을 포함해 15,000여 명을 시베리아로 강제 이주시킨다. 1941년부터 라트비아 공업과 산업 시설의 집단화가 시작되나, 독일의 라트비아 침략으로 좌절된다.

전쟁이 끝나고 라트비아가 다시 소련 영향권에 들어가자, 소련의 재지배에 공포를 느껴 약 13만 명이 넘는 라트비아인들이 해외로 피신한다. 2차 세계대전 이후 라트비아의 총인구는 약 1/3이나 줄게 되는데, 소련화가 시작되면서 독립하려는 시도는 어이없이 무너지고, 1953년까지 12만 명 정도가 죽거나 수감되거나 강제 이주당한다. 그 사이 주로 러시아 태생의 이민자 75만 명이 소련보다 월등히 산업환경이 좋은 라트비아로 이동하여, 시베리아로 끌려가거나 사라지거나 죽은 라트비아인들의 거처를 무상으로 얻고, 라트비아인들이 얻지 못하는 경제적, 사회적 특권을 누리며 일자리를 얻어 정착해 살기 시작한다. 그 결과 1980년 말까지 라트비아 현지인의 비율은 총인구의 52% 이하로 감소하고 오히려 러시아어가 국가의 공공생활이나 개인생활에서 지배적인 자리를 점유하게 된다.

2.3 리투아니아

기원에서 중세까지

역사가 드우고시Jan Długosz의 사기(史記)에 나타난 자료에 따르면 리투아니아는 로마의 황제 네로의 학정을 피해 로마를 탈출한 팔레온 가문의 후손들이 나라를 건설했다는 데서 시작한다. 드우고시가 사기를 쓰던 당시 상황이 이웃인 폴란드보다 우세함을 보여주기 위해서 더 나은 사실을 기록해야 했던 시기였으니만큼 얼마나 사실에 근거를 했는지는 의문이다. 현재 리투아니아어는 라틴어의 잔재를 많이 가지고 있다. 팔레온은 현재 리투아니아 중부에 있는 케르나베Kernave에 수도를 정했는데, 그 당시 케르나베를 흐르던 강 이름을 따서 리투아니아라는 국명을 지었다고 한다.

1230년대와 40년대에 민다우가스Mindaugas 공작이 리투아니아의 영토를 통일하여 기독교를 받아들이고 리투아니아 최초이자 유일한 왕이 되었는데, 그가 왕이 된 날인 1253년 7월 6일은 현재 리투아니아의 국경일로 지켜지고 있다. 1345년에서 1377년까지 지속된 알기르다스Algirdas 공작시대에는 리투아니아 영토가 두 배로 확장되는 등 최고 전성기를 맞지만, 공작 중 한 사람인 요가일라Jogaila가 폴란드의 여왕 야드비가와 결혼하고 1386년 리투아니아를 기독교화하며 폴란드의 왕이 됨으로써 리투아니아와 폴란드는 연합국처럼 존재하게 된다. 요가일라와 동시대의 공작인 비타우타스Vytautas는 기독교를 받아들이지 않은 독립적인 리투아니아의 꿈을 가지고 요가일라와 대적한다. 그 당시 비타우타스가 건설한 리투아니아의 영토는 발트해에서 남쪽의 흑해에 이르는, 당시 유럽에서는 가장 넓은 영토를 가지게 된다.

중세 후기와 근대

16세기에 이르러 러시아의 영향력이 강해지면서 리투아니아는 폴란드의 도시 루블린에서 폴란드와 연합국을 창설하여 실질적으로 폴란드와 한 나라로 존재하게 된다. 리투아니아에서는 당시부터 슬라브화가 시작되고, 많은 폴란드귀족이 리투아니아에 오거나 귀족들 자체가 폴란드화하는 등 많은 변화가 진행된다. 또 16세기에는 리투아니아인들에게 개혁사상을 가르치기 위해 최초로 리투아니아어 서적이 발간되고 빌뉴스 대학도 창설되어 리투아니아는 문화적으로 중흥기를 이룬다.

이러한 중흥기가 끝난 후 16세기 말에서 18세기에는 귀족의 강성, 러시아의 강성, 스웨덴과 치른 전쟁 등으로 리투아니아–폴란드 연합국은 약화되고, 그 틈을 타 18세기에는 프러시아, 오스트리아, 러시아가 진행한 리투아니아-폴란드 연합국의 3차 분할로 인해 1795년 리투아니아 대부분의 영토는 러시아에 복속된다. 리투아니아인들은 러시아로부터 독립을 하기 위해 1794년, 1830~1831년, 1863년 3차에 걸쳐 반란을 시도하지만 모두 실패한다. 이는 빌뉴스 대학이 문을 닫고 리투아니아어 출판이 금지되는 등의 결과를 가져온다. 그러나 리투아니아어의 사용이 가능했던 '소리투아니아(프러시아, 즉 현재 칼리닌그라드 지역)' 에서 일어난 많은 민족운동으로 최초의 리투아니아어 신문이 발간되기도 하고,

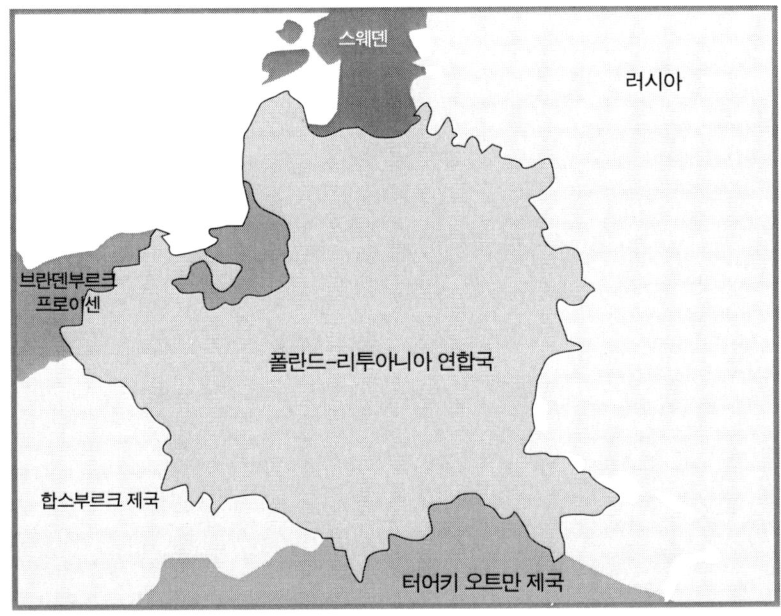

1686년경 발트국 영토

바사나비츄스의 리투아니아 민속 정리와 쿠디르카의 리투아니아 국가 작사 등의 민족정신 회복운동 결과로 1904년에는 리투아니아어 출판금지령이 해제된다.

현대

1차 세계대전이 시작되자 리투아니아는 독일인들의 손에 들어가게 되는데, 독일의 힘을 바탕으로 스메토나를 수반으로 하는 리투아니아 정부가 수립되고 카우나스를 수도로 하여 1918년 2월 리투아니아는 독립을 선언한다. 1920년부터 40년대까지 리투아니아를 비롯한 발트3국은 산업적, 교육적, 문화적으로 눈에 띄는 발전을 거듭하지만 리투아니아는 독일의 히틀러와 소련의 스탈린이 동유럽에서 영향권 행사를 분명히 하기 위해 만든 '몰로토프−리벤트로프 조약'(1939)의 결과로 소련영향권에 들어가 폴란드가 점령하고 있던 빌뉴스는 다시 리투아니아 영토로 복속되고 러시아군이 리투아니아에 진주하게 된다.

1940년에 소련의 지시를 받는 인민정부가 설립되고 소련화와 집단화가 시작된다. 이때 스탈린의 명령에 의해 1941년 6월 12,000명이 시베리아로 강제 이동된다. 1941년 독일이 리투아니아를 재점령하면서, 리투아니아를 독일의 새로운 영토로 만들고자 시도한다. 그동안에 수많은 유태인과 리투아니아인들이 학살되고 많은 젊은이들이 독일군대로 끌려갔다. 1944년 독일과 치른 전쟁에서 승리한 소련이 다시 리투아니아로 진출하는데, 이에 공포를 느낀 많은 리투아니아인들이 미국이나 북유럽으로 이주하게 된다. 당시 소련의 적이었던 독일에 협조했다는 이유로 소련은 리투아니아의 소비에트화를 강화하고, 1945~1953년까지 다시 시베리아로 강제이주를 시켰다. 1941년부터 진행된 강제이주의 결과로 29,923가정이 시베리아로 추방되고, 소련의 통계에 의하면 12만 명의 리투아니아인들이 강제로 조국을 떠났다. 그 후로부터 리투아니아는 세계인들의 관심에서 잊혀진 채 소련의 공화국으로서 1980년대를 맞게 된다.

1980년대 말 고르바초프의 페레스트로이카와 글라스노스트에 힘입어 리투아니아의 개혁운동인 '사유디스Sajudis'는 리투아니아의 민주주의와 독립회복을 위한 투쟁을 이끌어나간다. 1989년에는 탈린에서 빌뉴스까지 사람들이 손을 잡아 만든 '발트의 길' 행사가 발트 전 지역에서 열려 독립 의지를 전 세계에 알렸다. 1990년 사유디스의 지지를 받는 후보들이 소비에트 리투아니아 공화국 최고회의 선거에서 다수석을 차지하며, 1990년 3월 당시 국회의장이던 비타우타스 란스베르기스가 리투아니아의 독립을 세계에 천명하기 이른다. 소련은 그 결과로 리투아니아에 정치적, 경제적 제재를 가하고, 1991년 1월 11일부터 13일까지 소련군은 리투아니아에 진격하여 독립을 원하는 리투아니아인들을 폭력으로 억압하려 했다. 결과적으로 투쟁에서 승리한 리투아니아는 그해 9월 17일 라트비아, 에스토니아와 공동으로 유엔에 가입하여 독립국가로서 새 역사를 시작하게 된다.

발트3국의 역사개관

연대	사실
기원전	- 기원전 1000년경 에스트인과 리브족(핀란드-헝가리계), 쿠르란트, 레트인, 리투아니아(인도게르만계) 민족이 발트해로 이주. 이곳에 최초로 정착, 토착민으로 살기 시작
12세기	- 12세기 말경에는 중세저지독일어를 사용하는 상인들과 선교사들이 도나우 강 유역에 상업과 선교 주둔지를 건립함 - 1199년 브레멘 출신 알베르트 폰 북스헤브덴Albert von Buxhoevden이 리브란트(리보니아)의 주교가 됨
13세기	- 1201년 북스헤브덴 주교 리가 건설. 검우기사단으로 이교도 강압적 정복이 시작됨 - 1236년 독일에서 기사단이 출현 - 1285년경 리가, 레발(에스토니아의 수도), 도르파트가 한자동맹에 가입
14세기	- 1346~1561년 "성모마리아의 나라 리브란트"(성스러운 라트비아와 에스토니아)는 독일수도회가 지배하고 독일민족의 신성로마제국의 일부가 됨 - 1386년 대공국 리투아니아와 폴란드 왕국의 통합
16세기	- 1524년 리브란트의 개혁 시작 - 1558~1583년 러시아와 리브란트 전쟁에서 분할된 국가인 에스토니아(1561~1710 스웨덴의 일부), 리브란트(1561~1621년 폴란드-리투아니아, 1621~1710년 스웨덴), 대공국 쿠르란트 Kurland(1562~1795년 폴란드 영주권의 지배) 내에 주교 국

16세기	가를 붕괴시킴 - 1561년 '지기스문트 아우구스트sigismundi augusti 특권'은 독일사법권과 신교신앙에 대한 독일어법을 확약
17세기	- 1632년 스웨덴의 구스타프 아돌프 왕에 의해 도르파트 대학 설립
18세기	- 1700~1721년 스웨덴과 러시아의 북방전쟁은 발트지역을 황폐화시킴 - 1710/95~1918년 에스토니아, 리브란트(1710), 쿠르란트Kurland(1795)는 러시아의 '독일지방'이 됨. 니스타드Nystad의 평화조약(1721) 이후 표트르 대제는 도시들과 기사계급의 특권을 확약. 그들은 자발적인 자치로 도시와 국가에서 이끌었음 - 1764~1769년 헤르더J. G. Herder는 리가에서 교수. 18세기 말 독일 학자, 신학자, 수공업자들이 발트해 지역으로 유입
19세기	- 1802년 도르파트 대학의 신축(Tartu). 여기서 저명한 연구자와 학자들이 배출됨 - 1816~1819년 기사계급의 결정을 통해 쿠르란트Kurland, 에스토니아, 리브란트 예속 종결 - 1869년 도르파트Dorpat(타르투Tartu)에서 최초 통합된 에스토니아 가요제 개최 - 1873년 리가에서 통합된 라트비아의 가요제 개최. 민족적 성장
20세기 이후	- 19세기 말 학교, 관공서, 행정의 러시아화와 공업화 - 1905년 최초의 러시아 혁명. 특히 발트해 지역에서 격렬함 - 1914~1918년 1차 세계대전 동안 러시아와 독일의 황제제국 붕괴는 발트지방의 에스토니아, 리브란트, 쿠르란트에서 독일의 우위를 막 내리게 함

20세기 이후	- 1918~1920년 발트체제(에스토니아)와 발트국의 국가저항(라트비아)에서 독일계 발트인의 협력 아래 공산군에 대항한 해방전쟁 - 1920년 소련에 의한 에스토니아, 라트비아, 리투아니아의 독립 승인. 급진적인 징수(몰수)에 대한 독일계 발트인의 이민 물결. 발트에서 소수민족 권리 주장 - 1939년 히틀러-스탈린 조약. 정복된 폴란드 지역과 서프로이센으로 독일계 발트인 이주 - 1945년 2차 세계대전의 결과로 독일계 발트인의 분산 - 1944~1990년 소비에트공화국이 발트지역을 합병, 점령함 - 1991년 8월 21일 에스토니아, 라트비아, 리투아니아의 재독립 - 2004년 5월 1일 유럽연합 가입

III

발트3국의 문화

Ⅲ. 발트3국의 문화

개론

　　　　발트3국의 민족성과 문화를 개략적으로 이해하기 위해서는, 붕크세Bunkśe(1994: 6f)가 지적하는 대로, 같은 유럽 국가이면서 유사한 지정학적인 위치에 있고 우리에게 상대적으로 많이 알려진 베네룩스3국을 떠올려볼 수 있다. 유럽에 대한 최소한의 배경 지식을 갖고 있는 사람이라면, 베네룩스3국에 속하는 벨기에, 네덜란드, 룩셈부르크를 서로 혼돈하지 않을 뿐만 아니라, 3국의 독자성과 정체성을 인정할 것이다.

　　발트3국과 베네룩스3국의 공통점을 붕크세(1994: 7)는 아래의 세 가지 측면에서 기술하고 있다. 우선, 민족성이나 문화와 불가분의 관계에 있는 종교적 측면에서 관찰할 수 있다. 벨기에와 룩셈부르크의 구교우세와 네덜란드의 신교우세는, 리투아니아의 구교우세와 라트비아, 에스토니아의 신교우세 혹은 두 종교의 대등과 비교 가능하다. 구소련 점령기에 활발하였던 러시아 정교회의 역할은 오늘날의 발트3국에서나 역사적으로나 미미하다고 할 수 있다.

지정학적 측면에서 베네룩스3국의 북해 건너의 해양 강국인 영국과 대륙 남부와 동부에 위치한 두 강대국 프랑스와 독일은, 발트해 건너편의 북유럽 맹주인 스웨덴, 그리고 역시 유럽 대륙의 남쪽과 동쪽의 독일[1)]과 러시아와 유사하다. 또한 경제사와 지성사적 관점에서는, 상거래에 의한 부의 축적과 계몽운동의 중심지이며, 네덜란드 암스테르담은 라트비아의 한자 도시 리가와 비견할 수 있다.

차이점으로는 베네룩스3국의 모든 언어가 인도유럽어족에 속하는 반면, 발트3국 가운데 에스토니아어는 우랄어계열에 속하는 핀-우그르어족이라는 점이다. 그리고 독일어 방언의 일종인 룩셈부르크어를 사용하는 소규모 공국 룩셈부르크와 발트3국 중 가장 인구가 적지만 독자적 언어를 가진 라트비아는 비교가 힘들다는 점이다. 무엇보다도 가장 큰 차이점은 2차 세계대전이 끝난 다음의 역사라고 할 수 있겠다. 베네룩스3국은 시장경제를 추구하고 부유한 서유럽 경제권에서 주권 국가로서 자유를 누릴 수 있었지만, 발트3국은 종전 후 구소련에 편입되어 1991년 독립을 이룰 때까지 자국어 대신에 러시아어를 배워야만 했던 아픈 역사를 가지고 있다.

1991년의 발트3국 독립이 세계사에서 유래를 찾을 수 없는, 1989년의 소위 '노래하는 혁명Singende Revolution' 으로 쟁취되었다는 사실은 정치학적 분석만으로는 설명될 수 없다. 동족 간의 전쟁과 군사 정변을 경험한 우리에게 '노래하는 혁명'이 어떻게 해서 이루어졌을까 하는 의문은, 자연히 발트3국의 민족성과 문화에 대한 관심으로 이어질 수 있다.

발트3국의 민족성과 문화를 3국의 전설과 신화 그리고 축제를 통해 알아보고자 하는 데에서, 특히 광범위한 전설과 신화를 포함하는 '민족서사시'는 그 민족의 정체성을 비추는 문화사의 구성요소이자, 동시에 대표성을 지닌 표본이 될 수 있다. 이러한 민족서사시의 생성은 19세기에 새로이 출현하는 신흥국가들의—여기서는 바로 발트3국—민족 정체성 확립에 기여하고, 이는 외부인들에게 그 민족성의 원형을 제한된 범위에서나마 제공할 수 있는 기회가 될 것이다.

라트비아의 신화는 핀-우그르 계열 내지 발트-핀란드 계열에 속하는 에스토니아 신화와는 달리, 리투아니아와 프로이센의 기독교화 이전의 신화를 포함하는 발트 신화 계열로 분류된다. 프로이센의 신화에 대해서는 거의 알려진 것이 없기 때문에 발트 신화가운데서 라트비아와 리투아니아 신화에 대한 눈에 띄는 차이점을 말한다면, 이는 일종의 과도한 일반화가 될 것이다. 따라서 복수의 발트어 존재에 대해 말하는 것처럼 발트 신화를 언급하는 것이 더 적절한 표현이다. 혹은 고대 발트어를 재구성하듯이, 고대 발트인들이 상대적으로 단일 종족으로 간주될 수 있는, 오로지 역사적 단계와 관련해서만 발트 신화를 말할 수 있다.

라트비아와 리투아니아 신화 사이의 두드러진 공통점은 상이한 등급을 가진 다수의 신화적 존재들과 사자들의 강한 현존으로 이루어진 다신주의이다. 다른 인도 유럽 민족, 특히 슬라브족, 게르만족, 켈트족의 기독교 이전 신화들과 많은 밀접한 관계는 학문적으로 증명이 되어 있다.

라트비아와 리투아니아에는 국가 공인 전통, 즉 새로이 이교도적인, 더 정확히 말해 비기독교적인 종교단체가 있다. 라트비아에서는 디에브투리Dievturi로, 리투아니아에서는 로모베Romowe로 불리는 이 종교단체들은 각각 민족 고유의 기독교화 이전부터 전래되는 전통에다 종교근원의 우위를 두고는 있지만, 서로를 동질적으로 파악하고, 대부분 인류학자와 어원학자의 비교 발트 연구와 인도 유럽 연구에 아주 개방적이다.

발트 신화의 출처는 여러 상이한 민요 텍스트이고, 포괄적으로 수집되고 기록되었지만, 여전히 다른 비교적 큰 종교집단들에 비해서는 연구가 많이 부족한 편이다. 라트비아에는 특히 무수한 다이나Daina가 있다. 하나의 다이나는 최소한 네 개의 행으로 구성되고, 하나의 행은 여덟 개 내지 드물게 다섯 개에서 여섯 개의 음절로 이루어져 있다. 그렇게 이루어진 다이나의 가장 의미 있는 모음집은 **바론스**Krišjānis Barons의 『라트비아의 다이나Latvju Dainas』이다. 이 모음집에서는 다이나의 구성상의 간결성으로 인해 서사적 내용은 적게 표현되고 있지만, 200만 개에 이르는 방대한 분량과 다양한 변이형태는 라트비아 부족의 고대 관념, 풍습과 축제 그리고 자연과 결부된 삶의 아주 상세하고 광범위한 형상을 보여주고 있다. 리투아니아의 다이노Daino들은 눈에 띄게 길고, 담시풍의 요소도 가지고 있다. 그 밖의 출처로는 동화, 영웅설화, 전설, 어원적 분석이 가능한 지명과 종교적 개념, 그리고 고고학적 유물인 매장 방식, 방향 등이 있다.

바론스(1835~1923)

문헌적 출처로는 로마 역사가 타키투스Tacitus의 『게르마니아 Germania』에 나오는 짧은 언급을 들 수 있다. 이에 따르면, 당시 발트인들은 신들의 어머니를 숭배하고, 우상 상징물로 멧돼지상을 지니고 다닌다는 것이다. 그러나 좀 더 오래된 출처에 의하면, 이 언급이 실제로 발트부족에 관한 것인지는 확실하지 않다.

기독교의 교리적 육체와 영혼의 이원주의와는 반대로 발트인들에게는 변형적인 관념이 있다. 예를 들어 벌 혹은 쥐의 형태로 잠든 영혼은 육체로부터 떠나갈 능력이 있었다. 죽은 자의 혼령은 사후 일단 그 부족의 근처에 존재하다가 연대순으로 나무, 특히 신성한 작은 숲으로 환생한다고 믿었다. 죽은 여성들은 보리수로, 남성들은 대부분 떡갈나무로 환생한다고 보았다. 그 외에도 갓난아기

로 환생하기도 하고 경우에 따라서는 동물과 식물에 체류하는 것
도 믿었다. 황새와 물새가 영혼의 동물로 간주되었고, 그 흔적이
여전히 남아 있는 것은 거의 동화에서뿐이다. 죽은 자는 필요하다
거나 사고 후 장례가 제대로 치러지지 않았다면, 유족의 꿈속에 나
타날 수 있었다. 죽은 자의 영혼은 장례식에 있다가 새로이 죽은
자를 받아들였고, 죽은 자와 접촉하는 것은 죽은 뒤 특정 기간 또
는 특정 달력의 축제까지는 이루어졌다. 죽은 자를 볼 수 있는 강
신술사에 대한 설화가 많았고, 개의 귀 사이나 나무판자의 옹이구
멍을 뚫어져라 쳐다보면, 강신술사의 능력을 일시적이나마 획득할
수 있는 가능성도 있었다. 그 외에도 앞서 언급한 나무와 작은 숲
처럼 사후세계에 대한 여러 상이한 관념들이 존재하였다

3.1 에스토니아

신화와 전설

언어유형과 마찬가지로 에스토니아의 신화는 발트 신화에 속하는 라트비아와 리투아니아와는 다르고 핀-우그르 신화에 속하는 핀란드신화와 유사한 점이 많지만, 많은 부분이 함께 섞여 발전되어왔다고 볼 수 있다. 특히 문자로 이루어진 기록이 전무한 에스토니아 신화 분석에서 주목을 끄는 것은, 헤르더의 민족주의적 낭만주의가 주도하는 시대 상황에서 에스토니아의 문인들이 신흥 국가를 위한 독자적 신화의 토대를 형성해내기 시작했다. 오늘날 알려진 에스토니아 신화 가운데서 얼마나 많은 것들이 19세기와 20세기 초반에 인위적으로 창작되었는지 밝혀내는 것은 쉽지 않다. 우리가 알아야 할 것은 에스토니아 신화의 많은 구성요소들이 핀란드 신화에서 차용되었고, 공동의 발트-핀란드 유산에 근거를 두고 있다는 점이다.

실제 신화의 예를 들면, 전래민요에 나타나는 세상 창조에 관련된 것이다. 새 한 마리가 알 세 개를 낳았는데, 그중 하나는 달이 되고, 다른 하나는 대지가 되었다는 간단한 내용이다. 이는 다른 핀-우그르족의 민족 신화에서도 발견된다. 이런 단순한 원형적 신화는 다른 발트족이나 독일과 접촉하면서 변형되었고, 기록된 실제 신화에 속하는 부류는 기독교화와 외국의-게르만의, 특히 스칸디나비아의-신화로부터 영향을 받았을 개연성이 높다.

예술신화-혹은 창작신화-로는 펠만Friedrich Robert Fählmann과 크로이츠발트Friedrich Reinhold Kreutzwald가 민중 설화와 룬 시구Runenvers를 모방하여 창작한 민족서사시『칼레비포에그Kalevipoeg(칼레브의 아들)』를 들 수 있다. 헤르더가 씨를 뿌려 놓은 당대 유럽의 민족적 낭만주의 사조는 민족서사시의 출현을 요구하고 있었고, 그때까지 독자적 민족서사시가 없어 민족적 정체성을 부단히 찾고자 했던 에스토니아에서 민족서사시가 창작되는 것은 필연적이었다.[2]

칼레비포에그의 구성과 모티브 그리고 생성사는 다음과 같다. 에스토니아의 영웅 전설과 민요에서 나온 모티브에 근거를 두고, 20개 노래의 대략 19,000 이상의 시행으로 이루어진 칼레비포에그는 1850년부터 크로이츠발트에 의해 편집되었다. 크로이츠발트는 주 모티브를 거인 영웅 칼레비포에그에 관한 여러 상이한 전설에서 가져왔다. 에스토니아 전설, 특히 동에스토니아 전설에 의하면, 칼레비포에그는 적을 향해 거대한 돌을 던지고, 지형을 형성하고, 강의 흐름을 바꾸고, 도시를 세웠다고 한다. 거인 칼레비포에그의 성격은 일반적으로 양면적이어서, 한편으로는 곤경에 빠진 인간을 돕지만, 다른 한편으로는 예측 불가능한 폭력을 휘두르는 파괴자였다. 이런 측면에서 칼레비포에그에 관한 전설은 발칸 지역 혹은 스칸디나비아 지역에서 유래된 다른 거인 설화에 비유된다.

칼레비포에그에서 주목을 받는 또 하나의 인물은 린다Linda이다. 린다는 에스토니아의 신화적 왕인 칼레브와 결혼하여 칼레비포에그를 낳았다. 즉 칼레비포에그의 어머니이다. 린다의 출생은 위에서 언급한 에스토니아의 알 신화와 관련이 되는데, 야생 닭의 알에서 태어났다고 한다. 린다의 자매인 살메Salme는 하늘과 결혼하지만, 린다는 태양, 달 그리고 별의 구혼을 거절하고 왕인 칼레브과 결혼하였다. 탈린에 있는 돔베르크Domberg는 바로 칼레브의 묘석이고, 칼레브의 죽음을 슬퍼한 린다의 눈물로 윌레미스테 호수가 생겨났다고 한다.

칼레비포에그와 형제들이 사냥을 나간 사이 린다는 핀란드의 마법사 투우스라르Tuuslar에게 납치되어 능욕을 당한다. 신들의 도움으로 탈출에 성공하지만 린다는 탈린 근교에서 돌로 변하면서 죽게 된다. 칼레비포에그는 바다를 헤엄쳐 건너 핀란드로 가서 마법사 투으스라르를 죽인다. 칼레비포에그에게는 죽은 부모가 계속해서 중요한 조언자였고, 어려운 결정을 할 때에는 언제나 부모의 묘로 돌아간다. 죽은 조상과 나눈 대화는 에스토니아 민족서사시의 시적인 구절에 속한다. 많은 에스토니아의 고대 지명들은 린다

린다 동상

에서 유래했다고 한다. 예를 들어 탈린의 기독교화 이전의 명칭은 린다니제Lyndanise(린다의 반도)이고, 윌레미스테 호수에는 린다키비Lindakivi라는 암석이 있다. 이는 린다가 실제적으로 에스토니아의 이교도 신화에서 역할을 했음 나타내는 것이다. 그 밖에 린다는 오늘날의 에스토니아에서도 초콜릿과 해운회사의 명칭으로 사용되고 있다. 이 역시 민족서사시 칼레비포에그가 에스토니아의 국민들에게 미치는 영향을 가늠케 하는 것이다.

축제

　　　　농경민족으로 전래문화가 발달하였으며, 중세 이후 이러한 농민문화가 엘리트 문화와 접목이 되면서부터 독자적인 문화의 기반을 닦게 된다. 전승문화의 큰 축으로 노래문화, 즉 민요가 발달하여 수록된 민요만 하더라도 무려 10만 개나 되어 세계에서 두 번째의 민요를 가지고 있을 정도로 에스토니아인들은 노래를 좋아하는 민족으로 일컬어지고 있다.

　에스토니아의 가장 대표적인 축제로는 거의 5년마다 대부분 탈린에서 개최되어온 '노래 축제'를 들 수 있다. 노래하는 민족으로 지칭될 정도의 에스토니아인들은 노래를 즐기고 민요를 부름으로써 그들 민족의 정체성을 지켜왔다고 한다. 1869년 에스토니아에서 시작된 노래 축제는 리투아니아와 라트비아로 전파되어갔다. 이는 발트3국의 공통점을 형성하게 되고, 3국 합작의 '노래하는 혁명'으로 이어지게 된다.

노래하는 축제

　스칸디나비아, 핀란드, 발트3국에서는 일 년 중 밤이 거의 어두워지지 않은 시기(백야白夜)인 6월 중·하순경에 '한여름축제'가 열린다. 에스토니아에서 원래 이교도 내지 고유의 민속축제라고 할 수 있는 한여름 축제Jaanipäev는 6월 24일이지만, 23일 저녁부터 한여름 전야제Jaanilaupäev가 시작되어, 그 다음날 새벽까지 이어진다. 성탄절이 오기 전까지는 에스토니아에서 가장 중요한 축제이고, 가능한 한 시골이나 농촌에서 보내기 때문에, 이 시기에 도시는 인적까지 드물어진다. 에스토니아의 전통적 한여름축제에는 밤새도록 꺼지지 않는 불놀이가 무조건 행해진다. 도서(島嶼) 지역에서는 오랜 전통에 따라 더 이상 사용할 수 없는 배가 불태워진다.

에스토니아의 한여름 축제

그 밖의 에스토니아의 유명한 축제로는 매년 한자도시 빌얀디 Viljandi(Fellin)에서 7월에 4일간 개최되는 '빌얀디민속음악축제 Viljandi Folk Music Festival'가 있다.(Frömel, Susanne 2007: 79-84) 이 축제는 몇 년 사이 에스토니아의 전통 민속 음악을 넘어서서 유럽 민속음악의 국제적 만남의 장소로 되어가고 있지만, 외국에서 온 방문객의 눈에는 민속음악에 열광하는 에스토니아의 젊은이들이 의아하게 보일 정도로 여전히 에스토니아의 젊은 세대들에게 인기가 있다. 그들의 민족적 정체성을 찾을 수 있는 축제이다.

빌얀디 민속음악 축제 [3)]

노래에 대한 발트3국의 극진한 사랑과 열정은 우리 관점에서 상당히 의외로 보일 수도 있지만, 1988년 이래 발트3국이 공동으로 매년 행사지를 번갈아 가면서, '발트국제민요축제 International Folklore Festival Baltica'를 개최하는 것으로 이어지고 있다.

민요에서는 칼레비포에그 형성에 관한 설화가 전승되는 것이 거의 없다. 문학에서는 17세기에서야 최초로 에스토니아 교회 문학의 창시자인 하인리히 슈탈Heinrich Stahl에 의해 다루어졌고, 이 설화들을 처음으로 문자로 기록하려는 구체적인 의도는 핀란드에서 칼레발라가 최초 출간된 후에야 나타났다. 발트 독일인으로 에스토필레Estophile[4]이자 열성적 유심론자인 슐츠 베트람은 이 의도를 에스토니아학술회[5]에서 소개하고, 학술회의 창립회원인 의사 펠만이 1939년에 민족서사시를 위한 최초의 초안을 작성했다. 1850년 펠만이 죽은 후 친구인 크로이츠발트가 펠만의 작업을 승계했다. 칼레비포에그를 독일어와 산문형태로 기술하려는 초기 계획에 따라 전통적이고도 칼레발라와 유사한 시행 형식을 사용키로 결정하면서 크로이츠발트는 단지 소수의 민요로 된 원본 텍스트에 근거를 두고, 민속 설화를 바탕으로 대부분을 직접 문학적으로 기술하였다. 크로이츠발트는 작품에 서사구조를 두고, 역사의식을 고취하는 서사시를 창작하려는 교육적 과제를 이루기 위해 몇몇 구절과 인물을 자유롭게 창안했다. 그 때문에 칼레비포에그의 현재본에는 원본 시행의 약 8분의 1만 남게 되었고, 나머지는 원본 문체를 모방하고 있을 뿐이다. 칼레비포에그의 운율은 고대 에스토니아의 두운 운율 문학을 따르고 있다.

13,817시행을 가진 초본은 검열 조건으로 인해 1853년에는 인쇄될 수 없었지만, 19,087시행으로 구성되고 근본적으로 수정된 재본은 1857년과 1861년 사이에 여러 부분으로 나뉘어서 에스토니아 학술회의 학술판으로 출판되었다. 마침내 1862년에 최소 범위로 축소되어 19,203의 시행을 가진 대중판이 출판되었다. 창작자의 의미를 전적으로 따른 다면, 칼레비포에그는 에스토니아의 민족의식 발전과 독자적인 문화적 정체성을 제고하는 데에 큰 의미가 있다. 칼레비포에그를 통해 당시까지 알려지지 않았

던 시적인 에스토니아어가 창조되었을 뿐만 아니라, 칼레비포에
그는 오늘날 연극으로도 각색되어 전 세계무대에서 공연되기도
한다.

3.2 라트비아

신화와 전설

분류상 발트 신화에 속하고 리투아니아 신화와 많은 공통점을 보이는 라트비아 신화는 무엇보다도 무수한 고대 라트비아의 노래 텍스트인 다이나와 다른 종류의 라트비아 민요를 바탕으로 깔고 있다.

이전의 리브란트Livland(리보니아Livonia)는 13세기부터 1차 세계대전까지, 원주민과 거의 섞이지 않는 독일 발트인 지도층이 지배했다. 라트비아의 농부와 어부들은 농노 지위에 묶여 있었고, 라트비아어로 기록된 문헌은 16세기 초의 종교개혁 이후에서야 독일 당국, 자세히 말해 독일 목사들에 의해 발전되기 시작했다. 이때 독일 목사들은 라트비아 고유의 잡담노래, 농부설화와 미신 등을 전혀 고려하지 않고 이들을 오히려 더 적대적이고 폭력적으로 대하곤 했다. 그래서 라트비아의 다이나, 동화 그리고 전통은 19세기 중반까지 구전으로만 전해졌다. 그러나 최소한 다이나 형식이 이미 13세기에 형성되었고, 이후 더 이상 변하지 않았다는 것을 증명하는 소수의 문헌 기록만이 있을 뿐이다.

　거의 구전만으로 전해 내려온다는 것이 한편으로는 그 내용이 개인에 따라 변화될 가능성이 있어 라트비아 신화에 대한 정보가 결국 불확실한 출처에서 근거하는 문제가 야기된다. 그러나 다른 한편으로는, 7세기 동안 지속된 억압과 엄격한 신분 분리는 일종의 아주 강한 보존 효과를 가져왔다. 그 보존 효과는 세속 권력으로 길이 열려 있는 엘리트보다 일반 민중들에게서 훨씬 더 강하게 나타났다. 라트비아인들의 문화적 정체성은 지도층과 그들의 발전에 거의 영향을 받지 않았던 것이다. 특히 다이나는 많이 변화되지 않았다. 다이나는 엄청나게 다양한 변이형을 보이지만, 그 변형이라는 것이 대부분 사소한 것들이었다. 그것은 다른 어순이나 상이한 방언 형태들이었다. 다이나의 핵심은 바로 이러한 다양한 변이형으로 인해 더욱더 명백하게 나타나게 된다.

　수세기에 걸쳐 라트비아의 농노들에게, 그들의 봉건 영주의 경계를 떠나는 것이 금지되어 있었다는 것을 고려한다면, 전 라트비아에 널리 퍼진 무수한 다이나의 그러한 단일적인 핵심은 다이나의 위대한 시대를 나타나는 상당히 확실한 징표이다. 라트비아인들은 자신들의 풍습과 관련해서는 전반적으로 기독교화에 저항하였다. 라트비아인들의 풍습은 명백히 이교도적, 즉 반 기독교적이고 비교적 아주 잘 보존되었다.

　19세기 중엽에는 위에서 언급한 바론스의 다이나 기록과 더불어 라트비아인들의 독립 운동과 국가 형성이 시작되었다.

1987년과 1992년 사이의 소위 '노래하는 혁명'을 통해 라트비아에서는 소련통치에 종지부를 찍는 데 성공했다. 1789년 라트비아어-독일어 사전을 편집했던 독일 언어학자 슈텐데르Gotthard Friedrich Stender는 이미 라트비아인들에 관해 다음과 같이 기술한 바 있다.

> 어떠한 축제 혹은 결혼식도, 어떠한 요하네스 축제 혹은 추수 축제도 있을 수가 없다. 들판에 나가 있든, 집안 물레 옆에 있든, 어떠한 작업도 없다. 노래를 부르지 않는다면.[6]

오늘날까지도 라트비아 민족은 노래에 대한 열정적인 사랑을 가지고 있다. 그들의 민요와 민속음악에 대한 애정이 세계에서 유명하다는 사실은 노래 축제와 발트 국제 민요 축제에서 잘 나타난다. 라트비아에서 다이나는 유치원에서부터 가르치고 학교에서도 계속해서 가르친다. 라트비아인들에게 다이나는 상식에 속하고, 오늘날에도 특별한 계기가 있을 때나 아무런 준비 없이 즉석에서 시간을 쫓을 때—예를 들어, 장시간의 여행에서—함께 불리고 있다.

다음은 라트비아의 신화와 전설에서 유래된 라트비아의 민족서사시에 관한 내용이다.

라트비아의 민족서사시 『라츠플레시스Lačplēsis(곰을 찢는 사람)』는 **품푸르스**Andrejs Pumpurs가 1872년과 1887년 사이에 라트비아 신화와 전설을 근간으로 기술하여, 1888년에 『Lačplēsis, Latvju tautas varonis. Tautas epus. Pec tautas teikám sacerejis Pumpurs(독일어; Der Bärentöter, ein Held des lettischen Volkes. Volksepos. Nach Volkssagen zusammengestellt von Pumpurs. 곰을 죽이는 자, 라트비아 민족의 영웅. 민족서사시. 민족 영웅 설화에 의거하여 품푸르스가 편집)』라는 정식 제목으로 출판되었다. 이 민족서사시는 바로 신들에 의해 선택된 라트비아의 전설적 영웅 라츠플레시스의 삶을 기술한 것이다.

안드레이스 품푸르스의
『곰을 찢는 사람』 책 표지

라트비아에 있는 도시인 릴바르데Lielvārde 영주의 양자 라츠플레시스는 맨손으로 곰을 아래턱을 찢어서 죽여버릴 정도의 괴력을 가진 젊은이이다. 아이즈크라우클리Aizkraukli 영주의 성에서 라츠플레시스는 악마에 의해 영혼이 사로잡힌 마녀 스피달라Spīdala와 라트비아의 자연신들을 기독교로 대체하려는 캉가르스Kangars를 찾아낸다. 스피달라는 라츠플레시스를 익사시키려 다우가바Daugava 강[7)]의 스타부라크스 급류에 밀어 넣지만, 여신 스타부라체Staburadze가 그를 자신의 수중에 있는 수정성으로 데리고 와서 구조한다. 수중 수정성에서 라츠플레시스는 소녀 라임도타Laimdota를 만나고 곧바로 사랑에 빠진다. 얼마 뒤 라츠플레시스는 코크네시스Koknesis(나무를 나르는 자)와 친구가 되고 함께 그녀의 아버지인 부르트니에크스Burtnieks의 성에서 공부한다.

칸가르스는 에스토니아인들과 전쟁을 유발하고, 라츠플레시스는 라임도타의 마음을 얻기 위해 거인 칼라푸이시스Kalapuisis에 대항하여 싸운다. 라츠플레시스는 칼라푸이시스를 제압하고, 그와 함께 평화를 이루어낸다. 그때부터 라츠플레시스와 칼라푸이시스 두 사람은 공동의 적인 목사 디이트리히Dietrich가 지휘하는 독일 선교사단에 대항하여 전쟁을 하게 된다. 라츠플레시스는 어느 날 밤을 수중에 가라앉은 성에서 보내면서 그 성에 걸린 저주를 풀고 성을 다시 물 밖으로 끄집어냄으로써 또 하나의 영웅적 행위를 한다. 그리고 라츠플레시스와 라임도타는 약혼을 하게 된다.

라임도타와 코크네시스는 독일에서 납치되어 구금당한다. 스피달라는 라츠플레시스에게 그의 두 친구가 서로 사랑할 것이라고 예언한다. 라츠플레시스는 고향인 릴바르데로 돌아와서 거기서 배를 타고 독일을 향해 출발한다. 그러나 라츠플레시스의 배는 북해에서 실종되고, 북풍의 딸을 알게 된다. 그러는 사이에 라트비아를 기독교화시키려는 계획을 세우기 위해 독일 목사 디이트리히와 리브란트의 황태자 카우포 폰 투라이다Caupo von Turaida가 로마에서 교황과 만난다.

라츠플레시스는 북해를 가로지르는 위험한 귀향 여행을 시작하고, 마법에 걸린 섬을 두고서 세 개, 여섯 개, 아홉 개의 머리를 가진 괴물과 싸움을 벌이게 된다. 마침내 라츠플레시스는 섬에서 스피달라와 조우하게 되고, 그녀를 마법에서 풀어 치유한다. 그리고 나서 라츠플레시스는 독일에서 탈출하지만, 마법에 걸린 섬에서 함정에 빠진 라임도타와 코크네시스를 다시 만난다. 코크네시스와 스피달라는 사랑에 빠지고, 네 친구는 라트비아로 돌아온다.

고향에 돌아온 그들은 하지에 성대한 결혼식을 두 번 올리고, 곧 이어서 독일 십자군 기사단과 싸우기 위해 다시 떠난다. 몇 회의 전투 끝에 독일인들을 몰아내지만, 독일 십자군 기사단의 지도자인 알베르트 주교는 독일에서 지원을 받아 십자군 종군기사의 한 사람인 흑기사를 데려온다. 디이트리히의 명령에 따라 캉가르스는 라츠플레시스가 가지고 있는 초인적인 힘의 원천을 알아내고, 이를 독일인들에게 알려준다. 그 비밀은 라츠플레시스의 어머니가 곰이어서 바로 곰의 귀를 닮은 귀에서 힘이 나온다는 것이었다. 그 후 독일 기사들은 릴바르데에 와서 라츠플레시스에게 평화를 제의하고 무술 시합을 열자고 한다. 라츠플레시스는 그 시합에서 흑기사와 결투를 허용하는데, 흑기사는 마침내 라츠플레시스의 양 귀를 잘라버린다. 라츠플레시스와 흑기사 모두 대결이 진행되면서 강 속으로 떨어져 사라져버린다.

이처럼 내용상으로도 민족서사시 라츠플레시스는, 현재에도 하짓날에 이루어지고 있는 라트비아의 한여름 축제와 직접적인 연관성을 보여주고 있다. 그 밖에도 라트비아에서는 매년 11월 11일 라츠플레시스의 날이 열리는데, 다른 국가들처럼 1918년 1차 세계대전의 종전을 기리는 것이 아니라, 그 이듬해 리가에서 벌어진 전투에서 서러시아 해방군[8]을 무찌른 승리를 기념하는 것이다.

축제

앞서 언급하였듯이, 한여름 축제—라트비아어로 Jāņi—는 라트비아에서 가장 인기 있는 축제로, 6월 23일과 24일에 거행된다. 라트비아에서는 양일 모두 공휴일로 지정되어 있다. 라트비아 신화에서는 한여름 축제 전날에 채취되는 모든 풀과 꽃들에 인간과 동물을 치료할 수 있는 영험한 약효를 부여한다. 풀과 꽃들은 화관과 화환 형태로 엮인다. 전통적으로 여성은 화관(花冠)으로 장식하고, 남성은 떡갈나무 잎으로 된 엽관(葉冠)을 쓴다. 일

반 가정집 문과 성문, 선택된 공간과 마구간 그리고 동물도 요하네
스풀로 장식한다. 화관은 생명의 기원으로 얼음 형태를 모방하고
자연의 풍요를 반영한다고 한다.

한여름 축제를 위해 가정집 안주인들은 카룸 열매가 든 치즈를
만들고, 바깥 주인들은 집맥주를 만드는 데 진력을 다한다. 그러나
요즘 들어서는 집에서 맥주를 만드는 대신 구입하는 집이 많아졌
다. 한여름 축제 행렬을 이루는 사람들을 지칭하는 '요하네스 어린
이들Johanneskinder'은 치즈와 맥주로 접대를 받고, 춤과 노래를

한여름 축제에서 화관과 엽관을 쓴
라트비아 소녀들과 소년[9]

통해 자연과 신들의 축복을 받는다. 그동안에 신들은 하늘인 아버지 디에브스Dievs와 대지인 어머니 마라Mara의 결혼식에 하객으로 참석한다.

일종의 특별한 전통은 '리고 리고līgo, līgo'라는 특색 있는 후렴구를 가진 한여름 축제 '리고līgo' 노래, 다이나스이다. 오래된 전승에 따르면, '리고'라는 단어는 대지를 축복하고 풍요로운 수확을 위해 야니스Jānis(독일어; Johannes) 신이 지상으로 가져왔다고 한다.

수천 개의 노래에서는 사울레Saule(태양이라는 뜻)와 야니스Jānis(신의 아들이라고 지칭되는 경우가 많음) 그리고 야누 마테Jāņu māte와 야누 테브스Jāņu tēvs(요하네스 어머니와 요하네스 아버지, 모든 농가의 주인을 의미함)를 찬미한다. 야나 베르니Jāņa bērni(독일어로 앞서 언급한 'Johanneskinder' 축제 행렬)는 화환과 풀로 장식하고 노래를 부르면서 각 농가를 방문한다. 다시 노래로 전통 한여름 축제 음식물인 치즈와 맥주를 요구하고, 농가의 운명과 축복, 풍요를 기원해준다.

한여름 축제는 일몰 전에 점화되어 일출 때까지 꺼지지 않고 이어지는 요하네스 불놀이에서 절정에 이른다. 시골에서는 요하네스 불놀이가 언덕에서 점화되는데, 말뚝에 타르 통을 얹고, 타르로 적셔 짚으로 동여맨 수레바퀴 혹은 특수한 횃불을 사용한다. 요하네스 불놀이는 정화작용을 함으로써 건강과 풍요를 위해 필요한 것으로 받아들여지고 있다. 그 밖에도 불로 비추어지는 들판, 가옥,

인간 그리고 동물의 모든 해악을 몰아낸다고 한다. 해안가에서는 요하네스 불꽃놀이가 대부분 백사장에서 직접 점화되고, 이는 시간이 지남에 따라 바다로 흘러나온 점화성 물질을 수집하거나 자연재해로 쓰러진 나무를 '대지-물-불-공기'의 영원한 순환으로 다시 가져가는 기회로 사용된다.

3.3 리투아니아

신화와 전설

앞서 언급하였듯이, 리투아니아 신화는 언어 친족성처럼 라트비아, 고대 프로이센 신화와 많은 유사성으로 인해 발트 신화로 분류되고, 슬라브 신화의 변이형과도 큰 유사성를 보이고 있다.

리투아니아에서 신화적 세계와 대비되는 기독교의 공식적인 세례는 1387년에, 저지 리투아니아에서는 1413년에 이르러서야 이루어졌다. 이교도적 행위와 신앙에 대한 이의제기는 18세기까지 이어졌고, 리투아니아 신화의 잔재는 풍속과 민요 그리고 구전 형식으로 오늘날까지 보존되고 있다. 그러나 리투아니아 신화에 관한 구체적 출처는 산재해서 전해지고, 비교적 후대에서 나타나고 있었다.

그 구체적 출처의 예로 들 수 있는 것들은, 『라트비아의 하인리히Chronicon Livoniae(독일어; Heinrichs des Letten)』(1225~1227), 『리브란트 운율 연대기die Livländische Reimchronik』(1290

~1296), 『비간트 폰 마부르크의 여행기die Reiseberichte des Wiegand von Marburg』와 『페터 폰 두스부르크의 연대기die Chronik von Peter von Dusburg』(1326), 그리고 교회 규범과 예수회의 상세 정보 보고집인 『시몬 그루나우Simon Grunau의 연대기』(1519~1529) 등이 있다. 19세기에 시작되는 민속자료 수집활동과 더불어 설화 형식을 띤 리투아니아 신화에 대한 관심도 성장하게 되었다. 그러나 리투아니아어를 사용하는 사람들의 대다수가 그들 고유의 오래된 종교를 포기하였고, 민족 고유의 민요 형식인 다이노의 노래꾼들과 이야기꾼들은 그 설화의 의미를 거의 모르거나 알고 있다 하더라도 불충분하게 알고 있는 경우가 많았다. 연구자들에 의해 설명 없이 수집, 요약된 민속 설화와 민요들은 신화재구성 시도를 위한 원재료로 간주되었다. 중요한 출처는 종교 어휘, 신들의 고유 명칭, 그리고 어원적, 역사 비교언어학에서 응용되는 신화적 존재들이다.

비교적 후대에 나온 출처들은, 고대의 신화를 모범으로 해서 리투아니아 고유성을 이해하고 그에 상응하는 명칭이 기록되면서, 수용 측면에서 이미 부분적인 재구성 시도로 간주된다. 최초의 광범위한 재구성은 19세기 초에 폴란드어를 사용하는 리투아니아 역사가 테오도르 나르부트Theodor Narbutt가 이루어냈다. 미국에서 활동한 마리아 김부타스Marija Gimbutas와 프랑스에서 활동한 알기르다스 율리언 그라이마스Algirdas Julien Greimas의 신화 재구성을 위한 학문적 단초 두 종류는 서유럽에서 비교적 널리 알려졌지만, 주로 리투아니아와 러시아에서 학문 활동은 한 노베르타스 벨리우스Norbertas Vėlius와 긴타라스 베레스네비치우스Gintaras Beresnevičius, 그리고 블라드미르 토포로브Wladimir Toporow의 저서와 논문들은 오히려 덜 알려졌다. 하지만 재구성 방법은 문제가 있었고, 그 어떤 시도도 오늘날까지 완전하게 인정을 못 받고 있다.

이 때문에 많은 학자들은 역사적, 고고학적 그리고 인류학적 자료를 사용해서 제각각 독자적으로 리투아니아 신화를 재구성하는 것을 선호한다. 이런 가운데서 점점 증가하는 전문화는 학문적으로 볼 때 생산적이지 못한 면을 보이는 경우가 많다. 이런 학문적 접근론의 문제는 리투아니아 신화가, 인류학자가 연구를 집중하는 비교적 장기간에 걸쳐 동일한 형상을 유지 못할 정도로, 정지 상태에 있은 적이 별로 없고, 오히려 항상 변화하였던 것에서 찾을 수 있다. 그 밖에도 연구자들이 자주 슬라브 신화 혹은 고대 신화의 관념에서 벗어나지 못하였던 데에도 문제가 있다.

김부타스에 따르면, 리투아니아 신화의 출발 구조는 자연의 상이한 측면들, 예를 들어 하늘, 대지, 달, 물, 공기 등을 나타내는 여신들의 모계 사회 체계에 근간을 두고 있었다. 비교적 후기에는 부계사회의 방향으로 발전이 이루어져서 많은 여신들이 권력과 의미를 상실하게 된다.

기독교 이전 신화는 주로 사변과 재구성으로 알려져 있고, 특히 몇몇 알려진 신화적 요소들은 최근에 밝혀진 출처와 고고학적 발

게디미나스 동상의 옆모습과 정면

견으로 확인될 수 있다. 15세기부터 17세기 중반에 이르는 리투아니아 신화는 대부분 영웅 신화로서 리투아니아 국가 건설을 다루고 있다. 아마도 가장 잘 알려진 이야기는 '철갑 늑대'가 나타나는 게디미나스 대공의 꿈과 리투아니아 수도 빌뉴스의 건립(서진석 2007: 16f), 그리고 역시 빌뉴스의 역사를 주제로 다룬 스펜타가리스Šventaragis에 관한 것들이다. 이런 종류의 많은 이야기들은 기독교 이전 신화와는 달리 구체적인 역사적 사건과 관련이 있고, 일반적으로 리투아니아 애국심에 대한 삶의 감정을 형성한다.

리투아니아 신화의 특징 중 하나는 바로, '내면의 영웅성'이다. 리투아니아 신화는 자주 한 인간의 내면 영웅주의를 나타내고, 대지의 다른 끝에 혹은 남극의 하늘에 있는 신화 나라의 다양한 장면에서 이러한 내면적 존재를 상징화한다. 일반적으로 이러한 장소는 '바다 위에 있는 모든 나라'로서 '우주적 수중 왕국'으로 표현된다.

그리스 호머의 일리아드와 오딧세이에 해당이 될 수 있는 발트3국의 민족서사시는 여느 유럽의 다른 민족에 비해서 최근에 생성되거나 기술되었다. 예를 들어 독일 민족의 『니벨룽엔의 노래 Niebelungenlied』(작자 미상)가 1200년경에 생성되었고 프랑스 『롤란드의 노래Rolandslied』(작자 미상)의 생성 연대가 12세기인 반면, 에스토니아의 민족서사시 칼레비포에그는 19세기 중엽인 1853년에 이르서서야 크로이츠발트에 의해 기술되었다. 라트비아의 민족서사시라 할 수 있는 라츠플레시스 역시 품푸르스에 의해

1888년에 생성되었다. 이는 에스토니아와 라트비아의 정체성 확립을 위해서 주로 낭만주의시기에 인위적으로 생성된 것으로 파악할 수 있다.

흥미롭고도 상당히 특이한 것은 조사된 문헌에 의하면, 발트3국 가운데서 리투아니아는 자체적으로 민족서사시를 가지고 있지 않다는 사실이다. 오히려 역시 다른 유럽의 주요 국가 가운데 비교적 늦게 민족서사시를 갖게 된 폴란드의 민족서사시 『타제우스 혹은 리투아니아로의 마지막 승마Pan Tadeusz ostatni zajazd na Litwe(Herr Thassäus oder der letzte Einritt in Litauen)』(아담 미키에비츠Adam Mickiewicz,[10] 1834)에 첫 번째로 나오는 두 문장에서 리투아니아를 언급하고 있다.

> 리투아니아, 너 나의 고향, 너는 건강과도 같다. 건강을 잃는 자만이 잃어버린 건강의 가치를 알 듯이.[11]

이는 폴란드에서는 성경 다음으로 많이 읽힌다고 한다. 동시에 독일과 러시아의 침략에 시달려온 폴란드의 독립국가에 대한 소망을 나타낸다고 할 수 있다. 그러나 독립국가인 리투아니아의 입장에서 보면 가히 썩 기분이 좋지는 않을 것이다. 한때 형제국가였던 폴란드와 리투아니아 사이의 역사적 관계를 고려하더라도, 이런 내용의 서사시를 듣는 오늘날 리투아니아인들의 심정은 어떠할지 의구심이 든다.

축제

　　노래 축제는 리투아니아에서도 축제 중의 축제로 인기가 있다. 리투아니아의 한여름 축제는 요하네스 축제 Johannesfest(리투아니아어; Joninės)로 불리고, 역시 6월 23일 저녁부터 시작되어 24일까지 이어진다. 6월 24일은 리투아니아에서 공휴일로, 적어도 일자에서는 종교적 축제일이 전래의 한여름 축제일을 대신한 셈이 된다. 요하네스 축제는 가장 인기 있는 축제일

리투아니아의
요하네스 축제[12]

이고 많은 전통을 간직하고 있다. 리투아니아 전래의 한여름 축제는 '라소스Rasos' 혹은 '쿠폴레스Kupolės'로 불리고, 당연히 하짓날에 열렸다. 부분적으로는 오늘날에도 이 날에 개최된다. 공휴일인 6월 24일이 라소스 내지 쿠폴레스로 지칭되는 경우도 많다.

발트3국 가운데서도 유일하게 2001년에 리투아니아의 인기 가수 파다르Tanel Padar와 벤톤Dave Benton은 유럽의 대형 가요방송 행사인 유로비전가요경연Eurovision Song Contest에서 1위를 차지한 바 있다.

공통점

발트3국의 축제는 모두 공통점을 가지고 있다. 앞서 언급했지만, 매년 각국 고유의 전통적 방법으로 열리는 한여름 축제 외에도 발트3국에서 5년마다 개최되는 '노래 축제'가 있다.

이 노래 축제는 1869년에 도르파트Dorpat(타르투Tartu)에서 처음으로 개최된 후, 1873년에는 라트비아에서, 1924년에는 리투아니아에서 최초로 열렸다.

칼리스 바우마니스Kārlis Baumanis가 라트비아인들을 찬미하기 위해 작사·작곡한 노래 「디에브스 스베티 라트비유Dievs, svētī Latviju(신이여, 라트비아를 축복하소서)」는 1873년 6월 리가에서 처음으로 개최된 노래 축제 기간 동안에 불렸다. 바우마니스가 사용한 '라트비아Latvija'란 개념은 새로운 것이었고, 라트비아인들이 거주하는 모든 지역을 지칭하는 데 사용되었다. 러시아 지배자들의 입장에서 보면, '라트비아'라는 단어는 국가적 독자성에 대한 요구로 해석되어 금지했다. 라트비아는 좀 더 일반적인 개념을 지닌 '발트Baltija'라는 단어로 대체되어야 했다. 라트비아공화국 선포일인 1918년 11월 18일에 「디에브스 스베티 라트비유」는 실제적으로 라트비아의 국가(國歌)가 되었다. 구소련 예속 기간 러시아어 사용 주민의 광범위한 유입으로 자국 내 라트비아인의 비율이 낮아졌을 때, 라트비아 고유의 다이나 형식 노래들은 라트비아인들이 문화적 정체성을 유지하는 데에 일조했다.

구소련 예속 기간 동안 장려되지 않았던 이러한 전통을 회상하면서, 1988년 9월 11일 탈린에서 '에스토니아 노래 축제 1988'이 다른 발트 민족의 적극적인 참여하에 개최되었다. 탈린에서는 삼십만 명 이상이 축제에 참가하고, 오랫동안 금지되었던 에스토니아 국가 「Mu isamaa, mu õnn ja rõõm(나의 조국, 나의 행운, 나의 기쁨)」를 불렀다. 무대 위나 밖의 수많은 사람들이 함께 참여하는 발트3국의 노래 축제는 유네스코에 의해 세계문화유산으로도 선포된 바 있다.

5년마다 각국에서 열리는 노래 축제 외에도 발트3국이 매년 번갈아 가며 개최하는 '발트국제민속제'가 있다. 이 축제 역시 발트3국의 민족성과 문화에 얼마나 노래가 깊은 뿌리를 내리고 있는지를 보여준다.

노래, 특히 민족 고유의 민요 형식의 노래는 인류 역사상 유례를 찾기 힘든 발트3국만의 공통적이면서도 독특한 저항 형식인 '노래하는 혁명'에서도 중요한 역할을 담당하였다. 특히 1989년 8월의 '발트의 길Baltischer Weg' 혹은 '발트의 띠Baltische Kette'에서 압권을 이루었다.

'노래하는 혁명'은 1987년과 1992년 사이 발트3국에서 있었던 민족 운동과 국가 독립을 달성하기 위한 투쟁의 시기를 일컫는다. 노래하는 혁명에서 노래의 의미는, 구소련 예속하에서 민족주의적 노래가, 예를 들어 발트국의 찬가를 노래하는 것이 소련 정권에 의해 엄하게 금지된 사실에서 찾을 수 있다. 민족주의적 노래를 부르면 해고에서부터 시베리아 유배에 이르는 가혹한 제재를 받았다. 구소련의 페레스트로이카 기간(1988~1992)에 민족주의적 회합과 평화 시위에서 노래를 불렀고, 수십만 명이 소련의 점령과 합병에 대한 견해를 밝혔으며, 독립을 위한 노력을 알리기 위해 공공장소와 운동장에 모였다. 특히 이념과 감정적으로 민족을 통합시켜서 공동의 문화적 체험과 과거를 증명하는 고유의 민요를 불렀다.

발트국가들의 독립 쟁취를 위한 시위에 히틀러-스탈린 조약이 체결된 지 정확히 50년이 지난 1989년 8월 23일 약 2백만 명이, 에스토니아의 수도 탈린에서 라트비아의 수도 리가를 거쳐 리투아니아의 빌뉴스에 이르는 장장 620km의 소위 '발트의 길'을 이루어 냈다. 그리고 바로 거기서 그들은 그들 고유의 민요를 불렀던 것이다. 이는 발트3국 공동의 역사적, 문화적 의식 없이는 해낼 수 없는 불가능한 거대 이벤트이자 평화적 시위였다.

특히, 에스토니아의 북부 지방에서 수신 가능한 핀란드 방송국 라디오와 TV프로그램에서 멜로디가 에스토니아 국가(國歌)와 거의 비슷한 핀란드 국가를 매일 밤, 방송 마감 전에 방송하였기 때문에 에스토니아 국가는 대중 의식 속에 지워지지 않고 자리 잡고 있었다. 에스토니아의 노래하는 혁명 기간에 에스토니아 국가는 다시 노래되는 경우가 많았다. 1988년 노래축제광장의 시위에서 삼십만 명의 에스토니아인들이 처음으로 다시 그들의 금지된 국가를 노래했다.

발트3국이 그들 고유의 민요를 사랑하고 노래하는 점에서는 공통점을 보이지만 노래하는 혁명의 진행 과정에서는 차이점이 나타난다. 다수가 구교도인 리투아니아인들은, 신교도이고 과묵하며 이성적인 다른 발트 국민들과는 달리, 아주 외향적이고 감성적인 면모를 지니고 있다고 한다. 이는 노래하는 혁명 기간 동안 유혈 충돌로 이어져 총 21명에 이르는 사망자와 다수의 부상자를 냈다. 반면 에스토니아에서는 사망자가 전혀 없었고, 라트비아는 수도 리가에서 소련군의 의회 공격으로 단지 5명의 사망자가 발생한 것에 대한 하나의 원인으로 설명이 될 수 있을 것이다.

신화 또는 전설과 관련해서 공통점을 들자면, 발트3국의 수도 세 곳 모두에 세밀하게 손질되어서 제각각의 신화에 기여하는 건립설화가 있다는 것이다. 에스토니아 수도 탈린의 돔베르크의 생성은 칼레비포에그의 아버지, 즉 칼레브의 묘석, 라트비아의 수도 리가의 생성과 건설은 자애로운 성 크리스토페St. Kristofe(독일어;

Kristaps, 영어; Christopherr), 그리고 리투아니아의 수도 빌뉴스의 건설은 게디미나스 대공의 꿈속 철갑 늑대 출현에 신화적이거나 혹은 전설적 기원을 두고 있다.

그 밖의 공통점으로 인상적인 것은 에스토니아의 민족서사시인 칼레비포에그와 라트비아의 민족서사시인 라츠플레시스에서 직접적으로 언급되는, 핀란드와 독일이라는 주변 국가들이다.[13] 그리고 민족서사시라고 칭할 만한 것이 없는 리투아니아의 경우에 폴란드의 민족서사시에 리투아니아가 등장하는 것은 발트3국이 얼마나 강하게, 엄밀히 말해서 고통스럽게, 주변 국가의 영향력 아래에 놓여 있었는지 적나라하게 나타내는 것이라 할 수 있다.

IV

발트3국의 언어

IV. 발트3국의 언어

유럽은 다양한 민족과 인종이 복잡하게 얽혀 있으며 언어 또한 다양하다. 또한 유럽의 많은 국가는 한 국가에 1개의 언어만이 사용되는 단일 국가가 아니라 한 국가가 2개 이상의 언어를 사용하기도 하고, 한 언어가 여러 나라에 쓰이기도 한다. 거의 사라졌다가 다시 재생된 언어나 이주를 통해 새로 유입된 언어 그리고 방언에서 국가어로 승격된 언어 등으로 인해 다양한 언어분포를 보이고 있기 때문이다. 따라서 발트국가 역시 다른 유럽 국가들과 마찬가지로 언어의 계보를 통해 명확한 언어의 기원과 역사를 규정하기가 어렵다.

발트 지역은 유럽대륙에 자리 잡고 있으므로 이 지역의 언어도 유럽의 대부분 언어가 속하는 인도유럽어족에 속한다고 추정할 수 있다. 실제로 유럽인의 90% 이상이 인도유럽어족의 한 분파인 인도게르만어를 쓰고 있다. 발트지역의 현존하는 언어는 라트비아어와 리투아니아어 그리고 에스토니아어이지만 이 세 언어 모두 어원적으로 동일한 계통은 아니다. 라트비아어와 리투아니아어는 인도유럽어족에 속하지만 에스토니아어는 그렇지 않다. 전자는 인도유럽어족이어도 유럽인의 대다수가 쓰고 있는 게르만어파나 주변 동부 유럽 지역과 러시아 연방이 쓰고 있는 슬라브어파에 소속되지 않고 따로 독자적인 어군을 형성하고 있는 발트어군에 속한다.

발트어군은 서부의 고대 프로이센어와 동부의 리투아니아어, 라트비아어 이렇게 세 언어로 구성되어 있다. 이중에서 고대 프로이센어는 16세기에 적은 기록을 남겼지만 1700년경을 전후로 사어(死語)가 되었다. 리투아니아어와 라트비아어는 각기 같은 이름을 가진 공화국의 공용어로 오늘날까지 쓰이고 있다. 발트어족에 대한 기록은 상당히 늦어 16세기에야 최초 문헌이 나타났다. 하지만 발트어는 외부 언어와 교류하는 데에 매우 폐쇄적이었기 때문에 인도-유럽 비교언어학에서 가장 중요한 어군 중 하나로 기여하고 있다.

에스토니아어는 발트지역의 다른 언어와는 상이하게 발트어군에 종속되지 않고 유전학적으로나 언어학적으로 중앙아시아와 우랄산맥 계통의 연보를 잇는 우랄어족에 소속된다. 우랄어족은 인도유럽어족 외에 터키어와 타타르어가 속한 알타이어족과 함께 유럽언어의 주류 어족으로 헝가리어·핀란드어·에스토니아어, 사모니아 섬의 라플란드 사람이 쓰는 셈어가 있다. 따라서 에스토니아어는 같은 발트지역의 라트비아어와 리투아니아어보다 우랄어족의 핀란드어와 헝가리어에 훨씬 더 근접하다.

　비록 같은 발트 지역에 거주한다고 하나 이 지역들의 언어는 어원이 서로 상이하기 때문에 언어학적 특성도 다양할 것이라 예상할 수 있다. 또한 같은 어족이라 하더라도 발전 단계에서 서로 상이한 경로를 밟게 되면 각각 다른 언어로 탄생하게 될 수 있는 것이다.

4.1 에스토니아

기원

에스토니아어는 의미를 가진 요소가 계속 첨가하여 단어를 만드는 굴절교착어로 그 유형이 한국어와 같다. 즉 에스토니아어는 흥미롭게도 유럽의 대다수 언어의 어원인 인도유럽어족에 속하지 않고 또 다른 유럽의 주류 어원인 우랄어족에 속한다. 우랄어족 중에서도 특히 핀란드 반도, 북서 시베리아 그리고 헝가리 스텝 지역 사람들의 언어인 핀–우그르어족의 한 갈래인 발트–핀란드어에 속한다.[14]

에스토니아어는 특히 핀란드를 구성하고 있는 핀인과 매우 유사하지만 헝가리어와는 그 특징을 달리한다. 헝가리는 사실상 역사적, 지리적 요인으로 언어가 독자적으로 발달하고 변천했기 때문에 에스토니아어와는 표기 및 발음 등에서 차이가 많다. 반면 어원의 60~70%가 같은 핀란드어와는 서로 의사소통이 가능할 정도로 유사하다.

우랄어족은 인도유럽어족 다음으로 큰 유럽의 어족으로 실제

원명은 우랄–유카기Uralic-Yukaghir family이다. 우랄어족은 현재 서북부 시베리아, 우랄산맥 인근 지방, 핀란드, 에스토니아, 헝가리 등 유라시아 대륙의 중서북부 지역에 널리 분포되어 있으며 핀–우그르어군과 사모예드어군으로 구분된다. 우랄어족의 언어는 약 20여 개에 달하는데 사용 인구는 약 2,250만 명으로 추정된다. 대표 언어는 핀란드어와 헝가리어이며, 핀–우그르어군에는 스칸디나비아 반도 북부에 사는 유목민의 라플란드어Lappish를 비롯해서 발트해 연안의 에스토니아, 러시아, 시베리아까지 분포된 핀란드어, 체레미스어, 모르드바어, 에스토니아어, 보챠크어 등과 헝가리어가 포함된다.[15]

핀족은 우랄 지방 남쪽에서 서북방으로 이동하여 기원전 2세기경에는 발트해 남쪽에 이르렀으며, 기원후 1~2세기경에는 발트해를 거쳐 현재의 핀란드에 정착한 것으로 추측된다. 헝가리어(일명 마자르어)는 주로 북유럽에 집중 분포된 동계어들과는 지리적으로 동떨어진 동유럽에 배치되어 있다. 그 이유는 기원후 896년에 동유럽의 현재 헝가리 지역에 헝가리민족이 이주한 것이기 때문이다.

알파벳과 언어적 특징

최초에는 하나였던 지구상 언어 중에서 제일 잘 구워진 언어 중의 하나라는 전설에서도 알 수 있듯이 에스토니아어는 다양하고도 풍성한 모음을 가진 아름다운 소리

언어로 불리고 있다. 먼저 알파벳을 살펴보면 다음과 같다.

모음 : a e i o u õ ä ö ü
자음 : b (c) d f g h j k l m n p (q) r s š z ž t v (w) (x) (y)
(괄호 안의 철자는 외국인 이름과 외래어에서만 사용된다.)

주요 음운론적 특징으로 단어의 첫음절에 강세가 표시되고 독일어의 철자 및 발음(변모음 ä ö ü과 자음 등)을 따른다. 에스토니아어는 다른 북유럽어처럼 모음의 역할이 아주 크며 46%가 모음으로 구성되어 있다. 두 개의 같은 모음이 연접하면 장모음이 되며 그 중에서 특히 울림 형태의 장모음 '우-우' (uu) 또는 '아-아' (aa) 등의 발음이 빈번하게 나타난다. 그리고 두 개의 상이한 모음이 연결된 이중모음(ae, au, ei, eu)이나 "vanaisa" (할아버지)와 같이 "vana" (늙은)과 "isa" (아버지)가 융합된 단어도 각각 따로 발음된다.

그리고 'a, o, u'에 움라우트가 붙어 있으면 독일어와 음가가 같으며, 'o' 위에 물결모양이 있는 'õ'는 한국어의 '으'와 비슷하게 발음한다. 유럽 전체에서 이런 소리를 내는 모음은 많지 않다. 이런 소리가 있는 언어는 지구상에 '에스토니아어, 러시아어, 베트남어'가 여기에 속한다. 이런 모음들을 구별해서 발음하는 것이 어려운 일은 아니지만, 뜻을 구별하는 데 중요하다. 예를 들어 모음화되어 발성 때 잘 드러나지 않는 'r'의 경우 에스토니아어에서는 분명하게 발음된다.

　　모음 외에 자음도 길이에 따른 의미 변화를 보여주고 있는데, 그 길이는 각각 3단계를 이루고 있으며 자음도 발음에 맞게 표기해야 한다.

(1)

	모음에서	자음에서
1단계	koli 　잡동사니	lina 　布(포, 천)
2단계	kooli 학교의	linna 市(시)의
3단계	koooli 학교로	linnna 市(시)로

에스토니아어 모음과 자음의 길이에 따른 의미변화 3단계

　　악센트는 일반적으로 단어의 첫음절에 오지만 외래어나 차용어의 경우에는 대부분 본래 고유의 악센트를 유지하고 있다.

　　에스토니아어는 형태, 통사론적으로 우랄언어의 전형적인 몇 가지 특징을 보여주고 있다. 우선 언어의 유형상 다른 우랄어와 마찬가지로 의미를 가진 요소가 계속 첨가하여 단어를 만드는 교착어에 속한다.[16]

　　명사의 성(性) 구별 표시가 없고 어휘 범주인 명사나 동사와 같은 주요 품사의 어형 변화가 다채롭다. 예를 들어 리투아니아어, 라트비아어로는 같은 단어라도 남성과 여성을 일컫는 말이 다르지만 에스토니아어에서는 모두 같다. 어형 변화는 핀란드 문법과 유사하게 어간에 각각의 음절을 첨부하는 형식을 통해서 이루어지고 있으며 모두 약 14가지의 격변화를 보여주고 있다. 에스토니아어

에는 주격, 소유격, 부분격, 이동격, 존재격, 최상급격, 부재격, 위치격, 탈격, 향격, 자격격, 변형격, 완료격, 수반격 등의 14격이 있다. 형태, 통사론적으로 성 구별 표시가 없지만 어휘 범주인 명사나 동사와 같은 주요 품사의 어형 변화가 다양하다. 어형변화는 핀란드 문법과 유사하게 어간에 각각의 음절을 첨부하는 형식을 통해서 이루어진다. 이 격조사들은 또한 각각 고유의 격조사를 가지고 있다는 점에서 한국어와도 유사하다. 하지만 전형적인 4격 목적격인 대격이 존재하지 않으며 그 기능을 주격, 소유격, 부분격들이 대신한다는 점이 특이하다.[17]

에스토니아어에서 동사도 형태론 자질이 각각 독립적인 범주를 형성하고 있으므로 인칭과 수에 따라 어형변화를 일으키는데, 명사의 경우와 마찬가지로 동사와 결합하는 화법, 시제, 성 인칭과 수의 자질들이 각각 독립적 형태소를 가지고 있다.

(2) sööma(먹다)

단수

ma(=mina) söön   나는 먹는다

sa(=sina) sööd   너는 먹는다

ta(=tema) sööb   그/그녀/그것은 먹는다

복수

me(=meie) sööme   우리는 먹는다

te(=teie) sööte   너희들은 먹는다

nad(=nemad) söövad 그들은 먹는다

에스토니아어의 부정형(ei, ei ole)은 핀란드어와 유사한 모습을 보여주지만 부정형 동사가 동사 변화를 하지 않는다는 점에서 상이하다. 오히려 독일어의 nicht나 영어의 not과 같은 고정형의 부정어와 유사하다.

(3)　mina　ei / ei ole　　　mänginud
　　　나는　아니　　　　　놀다　　　　（나는 놀지 않는다）

또 다른 부정형인 mitte는 흥미롭게도 대조를 표현하기 위한 접속사로, 그리고 명령문에서는 술어 없이 서두에 자주 나타난다.

(4)　a. Allan on tööl, mitte kodus(Allan은 일을 하지, 집에 없다)
　　　b. Mitte nii kõvasti(그렇게 힘들게 하지 마라)

어휘의 차용은 독일기사단의 영향으로 독일어에서 차용된 단어가 약 2,000개로 가장 많으며 그 외에 러시아어, 로망스어 등 다양한 언어에서 빌려 쓴 어휘들이 있다. 다음은 독일어 차용단어의 예

들이다.

(5) rük(Staat, 국가), müts(Mütze, 모자), vürts(Gewürz, 양념)

에스토니아어는 모두 8개의 방언과 117개의 사투리가 있다. 적은 면적에 비해 방언이 많은 이유는 에스토니아의 농부들이 노예 신분과 부역에 얽매여 자유로운 이동이 불가능해서 이들이 쓰던 언어가 지역적으로 고립되어 방언으로 고착되었기 때문이다.

주요 방언으로는 수도 탈린과 대다수 지역에서 사용되는 북에스토니아어, 타르투 지방 남쪽에서 사용되는 남에스토니아어 그리고 탈린의 동쪽에서 해안을 따라 경계도시인 나르바에 이르러 사용되는 북동해안어가 있다. 북에스토니아어는 서부 방언, 중심부 방언, 동부 방언으로, 남에스토니아어는 물크, 타르투, 보루 방언으로 분류된다. 남에스토니아어에 귀속된 소수방언들은 지금은 거의 소멸될 위험에 처해 있다.

중부 에스토니아의 습지대는 북에스토니아어와 남에스토니아어가 서로 상이한 언어로 발전하게 하는 언어 경계가 되었다. 이 두 지역어는 에스토니아어의 가장 강력한 라이벌로 경쟁하였다. 북에스토니아어는 탈린이 정치적 중심지였을 때에 그리고 남에스토니아어는 타르투가 첫 대학도시로 문어체로서 부각이 되었을 때에 각각 중심언어의 역할을 하였지만, 결국 북에스토니아어가 표준어로 선택되었다. 그 외의 방언으로는 해안에스토니아어와 섬에스토니아어가 있다.

언어사용

에스토니아어는 일찍이 덴마크, 스웨덴, 독일, 러시아와 같은 강대국의 침범으로 오랫동안 이 국가들의 언어에 영향을 많이 받았다. 특히 1721~1918까지는 러시아의 점령하에 있던 시기로 모든 분야에서 철저히 러시아화가 되었다. 1918년 독립 이후로 고유문화 고수와 살리기에 대한 변화가 일어나기 시작하지만 세계대전 이후 소련에 합병되면서 다시 러시아화되어 간다.

1934년 최초로 독립한 해에 에스토니아인의 88%가 에스토니아어를 사용했으나 소련 위성국으로 식민지 지배를 받을 당시에는 소련의 언어 탄압정책으로 1991년 2차 독립 전까지(1940년에서 1990년까지) 철저히 배척받았다. 그 결과 1990년 에스토니아 본토에서의 에스토니아어 사용자는 약 63%에 해당될 뿐이었다. 이렇게 소련의 철저한 배타 정책으로 에스토니아어는 공용어 자리를 러시아어에 넘겨주게 되었다. 따라서 에스토니아 본토에 있는 비에스토니아인에게서 에스토니아어는 사용 가치조차 없었다.

이후 1991년 독립되면서 변화의 바람이 불기 시작하는데, 2003년에는 에스토니아 국민 중 약 68%가 에스토니아어를 다시 사용하게 되었고 2004년 5월 1일 이래로 유럽연합의 공식어로 인정받게 되었다. 특히 언어 정책에 있어서는 2000~2007년 에스토니아 사회적 통합 프로그램에서 학교에서도 에스토니아어로 수업하고, 성인들에게도 에스토니아어 무료수업을 제공하였다. 에스토니아 소수민족에게도 에스토니아어를 제1외국어로 습득하도록 하였으며, 13만 명의 국적 없는 에스토니아 이주민에게 시민권을 부여하고 에스토니아어를 널리 전파하였다. 그 결과 1989년에는 국민의 67%, 2008년에는 82%가 에스토니아어를 사용하게 되었다.

4.2 라트비아

기원

라트비아어는 이 세상에 얼마 남지 않은 발트어 중의 하나이다. 발트어는 인도유럽어족에는 속하지만 주위에 있는 슬라브어들과는 근본적으로 다른 독자적인 어군을 형성하고 있다. 현재 남아 있는 발트어는 리투아니아어, 라트비아어, 라트비아 동부의 라트갈레어이다.

라트비아어는 리투아니아어나 지금은 사어인 고대 프로이센어와 더불어 인도유럽어족에서 파생한 두 개의 발트계 언어 중 동부 발트어계에 속하지만, 슬라브어족과는 직접적인 친족관계가 아니다. 라트비아어는 처음에는 이전의 문화적 핵심지인 레트갈렌 Lettgallen 지방에서 사용되는 레트갈리어Lettgalisch에서 유래·발전되었고 리투아니아어보다 더 현대적인 언어 구조를 보이고 있다.[18] 라트비아어의 고대 언어 원형은 특히 전통 민요와 시에 잘 드러나 있으며 라틴어, 그리스어 그리고 산스크리트어와 유사성을 보이고 있다. 최초의 문법책 『Manuducto ad linguam lettonicam facilis』는 1644년 독일 학자 요한 게오르그 레헤후젠Johann Georg Rehehusen이 출간한 것으로 라트비아 문법책의 효시이다.

라트비아어는 중세 초기 독일기사단의 영향과 2차 세계대전 시 많은 독일인의 유입으로 독일어의 영향을 상당히 많이 받고 있는 언어이다. 특히 한자동맹 시대의 상인들이 쓰던 중세 저지독일어의 영향이 아주 컸다. 따라서 많은 독일어의 어휘를 차용했을 뿐만 아니라 문법적으로도 적지 않은 영향을 받았다.

언어적 특징

라트비아어는 라틴어 문자를 쓰고 있다. 이전에는 독일식 정서법(특히 저지독일어)을 사용했지만, 20세기 초 급격하게 이루어진 정서법 개혁으로 라트비아어 고유의 음운 표기를 도입하게 되었다. 라트비아어는 모두 33개의 알파벳으로 이루어져 있다. 약간의 변별적 발음 부호, 즉 'a, e, i, u' 모음 위에 장음 부호의 표기를 통해 모음의 장음화 'ā, ē, ī, ū'를 나타내었다. 반면에 자음은 구개음화의 특징을 보인다. 라트비아어에는 똑같은 소리의 모음도 장단에 의해 뜻이 바뀌는 경우가 많다.

모음: a ā e ē i ī o u ū

자음: b c č d f g ġ h i j k ķ l ļ m n ņ p r s š t v z ž

일반 모음은 장음 표기가 된 장모음과 달리 아주 짧게 발음되고 특히 어말에 위치한 경우에는 거의 들리지 않을 정도이다. 반면에 자음은 자음 아래 "̦"를 사용하여 ķ, ļ와 같이 구개음화를 표시하고 있다. 또한 관사가 없으며 인사말과 같은 일상어를 제외한 거의 대부분의 단어는 첫음절에 강세가 표시된다.

라트비아어는 발트어에 전형적인 굴절어에 속한다. 굴절의 유형인 접사 첨가와 어간의 변화를 모두 보여주고 있으며 특히 후자가 나타날 경우에는 전자도 함께 나타난다. 어간의 변화는 모음교체(예, rakt – roku)와 특수한 자음 변화(예, ciest – ciešu)를 통해 일어난다.

라트비아어도 다른 발트어와 마찬가지로 다양한 격조사를 가지고 있다. 주격, 소유격, 여격, 대격 외에 처소격, 도구격 그리고 호격이 있다. 격조사는 남성과 여성 두 가지 성별과 수에 따라 각각 상이한 형태를 가지고 있으며 수식하는 명사 뒤에 연접한다. 라트비아어는 리투아니아어보다 비교적 단순한 문법형태를 가지고 있다. 주요 특징으로는 관사가 없으며 첫음절에 강세를 표시한다. 일단 남성명사의 경우 형태소 –s(as가 아닌)나 –us, is가 붙고 여성은 a나 e를 붙인다. 이러한 성별표시 규칙은 외래어나 차용어에도 똑같이 적용된다.

또한 라트비아어는 변화형이 비교적 단순해 변화 형태가 5개밖에 없다. 남성과 여성의 어형 변화 중 대표적인 경우만 다음 도표에 열거해보았다.

(1) 남성

	draugs(친구)		tirgus(시장)	
	단수	복수	단수	복수
주격	draugs	draugi	tirgus	tirgi
소유격	drauga	draugu	tirgus	tirgu
여격	draugam	draugiem	tirgum	tirgiem
대격	draugu	draugus	tirgu	tirgus
도구격	ar draugu	ar draugiem	ar tirgu	ar tirgiem
처소격	draugsā	draugos	tirgū	tirgos

(2) 여성

	osta(항구)		egle(전나무)	
	단수	복수	단수	복수
주격	osta	ostas	egle	egletirgi
소유격	ostas	ostu	egles	egletirgu
여격	ostai	ostām	eglei	egleiem
대격	ostu	ostas	egli	egleus
도구격	ar ostu	ar ostām	ar egli	ar egleiem
처소격	ostā	ostās	eglē	eglēs

위의 도표와 같은 명사의 성별표시와 단수 · 복수 규칙은 외래
어나 차용어 고유명사에도 똑같이 적용된다. 차용어의 대부분은
독일어이고 그 밖에 스웨덴어, 러시아어가 있으며 최근에는 영어

도 있다.

다음은 라트비아어 동사의 어형변화를 살펴볼 텐데, 다른 발트어와 마찬가지로 인칭과 수에 따라 어미가 변한다.

(3) gribēt(원하다)

	단수	복수
1인칭	es grib**u**(나는 원한다)	mēs grib**am**(우리는 원한다)
2인칭	tu grib**i**(너는 원한다)	jūs grib**at**(너희들은 원한다)
3인칭	viņš/viņa grib (그/그녀는 원한다)	viņi/viņas grib (그/그녀들은 원한다)

1, 2인칭과는 다르게 3인칭 동사의 단수와 복수 어미는 동일한 것을 알 수 있다.

전치사는, 단수형 명사를 보족어로 할 때는 각 전치사 자체가 보유하는 격을 부여하지만 복수형 보족어를 선택할 때에는 항상 여격을 취한다. 예를 들어 전치사 "pie"(곁에)는, 단수 명사에는 항상 소유격을 부여하지만 복수명사에는 여격을 배당해야 한다.

(4) a. pie drauga(그 친구 곁에) → 남성 단수 2격

　　 b. pie draugiem(그 친구들 곁에) → 남성 복수 3격

언어사용

　　　　인구는 대략 240만 명이고 그 가운데 55.8%가 라트비아인이며 라트비아의 가장 큰 소수민족으로 전체 인구의 1/3에 해당하는 러시아(32.3%), 러시아어를 사용하는 벨라루스(3.9%)와 우크라이나(3.5%) 그 밖에 폴란드(2.2%), 리투아니아(1.3%) 등 소수민족으로 다양하게 구성되어 있다. 라트비아어도 리투아니아어처럼 발트어 중 하나이지만 게르만어와 슬라브어, 스칸디나비아어 등의 영향으로 리투아니아어 같은 언어적 가치는 많이 사라졌고, 현재는 리투아니아, 라트비아 사람 간에 통역이 없으면 대화가 불가능할 정도이다. 단어도 리투아니아어와 다른 어원의 단어가 대부분이라, 모르는 사람이 들어보면 같은 어군의 말이라는 것을 모를 정도이다. 그러나 동사활용이나 분사, 명사, 형용사 변화 등에서 아직까지 리투아니아어와 많은 공통점을 가지고 있다.

　라트비아도 에스토니아와 마찬가지로 구소련 위성국 당시에 소련의 언어 탄압정책으로 1991년 다시 독립하지 못했더라면 언어가 박탈당할 위험에 처했을 것이다. 당시 소련의 강제 이주정책 때문에 라트비아 본토에서조차도 소수언어로 전락했다. 그 결과 1990년에 이르러서야 라트비아인의 51%만이 라트비아어를 사용했으며 더욱이 수도 리가에서는 30% 밖에 안 되는 수치였다. 또한 라트비아어 대신 러시아어가 공용어로 등용되면서 본토에 거주하는 러시아인과 같은 비라트비아인에게 라트비아어는 전혀 사용가치가 없었다.

　따라서 라트비아 정부는 1991년 독립 이후 과거의 어두운 역사를 극복하고 다시 원상복귀될 때까지 라트비아어 습득을 시민권 획득의 필수 조건으로 내세우는 과격한 언어정책을 세웠다. 그리하여 2006년에는 국민 중 약 65%가 라트비아어를 할 수 있게 되었고 비라트비아 학생들도 그들의 모국어와 더불어 의무적으로 라트비아어를 배우게 되었다. 이러한 강경정책에도 불구하고 소수의 러시아계 라트비아인들은 라트비아어를 배우려 하지 않으며 자식들도 러시아어를 쓸 수 있는 학교에 보내고 있다. 따라서 라트비아에서 러시아어는 지속적으로 그 명맥을 유지하게 될 것 이다.

　라트비아어는 2004년 5월 1일 유럽연합의 공식어로 인정받게 되었으나 법전 번역과 같은 영역에서 어휘 수가 아직 부족하므로 국영번역소에서 이것을 교정, 보완하고 있다.

4.3 리투아니아

기원

　　리투아니아어는 현재 남아 있는 인도유럽어족에서는 가장 고대의 형태를 많이 가지고 있는 언어로, 전 세계 언어학자들의 관심의 대상이 되고 있다. 인도의 산스크리트어, 고대 라틴어와 연관성을 많이 가지고 있는 만큼, 리투아니아사람들은 자신의 언어에 대한 자부심이 그 누구보다도 강하다. 그리하여 프랑스에 못지않은 '강압적'인 언어정책으로 리투아니아의 순수성을 지키고자 애쓴다. 예를 들어 흔한 햄버거를 mesainiai로, 호텔은 viesbutis로, 리투아니아어로 바꾼 국제어들이 아주 자연스럽게 쓰인다.

　　리투아니아인들은 타문화에 대해서 배타적이고 자기 고유의 문화를 보존하려는 경향이 강한 폐쇄적인 민족이다. 이들은 결혼 등 혈연을 이루는 관계를 자기 민족들 사이에서 유지하려는 단일공동체적 특성을 이루고 있으며, 자기 고유의 민족에 대해 강한 자부심을 가지고 있다. 약 400만의 인구가 쓰는 리투아니아어는 라트비아어와 더불어 인도유럽어족에서 파생한 두 개의 발트계 언어 중에서 발트어 동부 그룹에 속한다. 벨라루스의 북서부 지방과 폴란드의 북동부 지방에서도 소수의 리투아니아어 사용 주민을 볼 수 있다. 그 외에도 발트어에는 라트비아 동부 지역의 라트갈레어와 과거 프러시아 영토 내에 살던 원주민들이 썼고 지금은 사어인 고대 프로이센어(프러시아어), 현재 폴란드 마주리 지역과 리투아니아 남부지역에 살던 "요트빙게이"라는 족들의 언어가 포함된다.

동일계의 라트비아어와는 중세 7~8세기에 분리되었지만 발음, 문법 그리고 문장 구조에 있어서 라트비아어보다 더 오래된 형태를 보존하고 있다. 이러한 고대의 문법 형태는 부분적으로 산스크리트Sanskrit에서도 발견된다. 또 다른 발트어인 고대프로이센어에 대한 문자 기록으로 리투아니아어의 고대 문법 형태가 아직 잘 보존되고 있음을 알 수 있다. 따라서 최근 리투아니아어는 현존하는 유럽 언어 중에서 인도유럽어의 원어(인도어계)에 가장 근접한 언어로, 산스크리트어나 기타 고대 유럽어의 흔적을 찾아볼 수 있다는 점에서 언어학자들에게 고대 유럽어 연구에 대한 아주 중요한 자료를 제공하고 있다.[19]

언어적 특징

리투아니아 알파벳은 모두 32개로, 라틴 알파벳에 기초하고 있으며 별도의 표기형(Ogonek, Hatschek, Makron)이

첨가된 리투아니아어만의 특수한 알파벳을 보유하고 있다.

　모음: a ą e ę ė i į y o u ų ū
　자음: b c ch č d f g h j k l m n p r s š t v z ž

24개의 자모는 독일어 발음처럼 표기대로 읽으면 되지만 이중 몇 개의 자모는 별도 표기형과 어우러져 리투아니아어만의 색다른 변이된 발음을 변주하고 있다.

(1)　a(아), ą(아 누시네)/ b / c(쩨), ch(하), č(췌)/ d / e(에), ę(에 누시네), ė(예) / f / g / h /i(이), į(이 누시네), y(이 일고예) / j / k / l / m / n / o / p / r / s(에스), š(에쉐) / t / u(우), ų(우 누시네), ū(우 일고예) / v / z(세), ž(쉐)

음운론적으로는 라트비아어와 유사하게 모음에 꺽쇠나 장음 부호 표기를 통해 모음의 장음화를 나타내고 자음은 구개음화의 특징을 보여준다. 이러한 문법적 특징은 거의 모든 외래어나 차용어에도 정확히 반영한다. 발음뿐만 아니라 단어의 어간에 성별 표기 어미를 부착시키는 등 순수 리투아니아식 문법화를 준수한다. 꼬리가 달린 'ą'는 일반 'a'보다 좀 깊은 곳에서 나는 소리지만, 처음부터 이 소리를 구분해내기는 아주 어렵다. 그냥 일반 'a'처럼 똑같이 발음한다. 독일어와는 달리 자음 "q"와 "x" 그리고 움라우트와 같은 변이모음은 없다.

주요 특징으로 관사가 없고 단어의 악센트가 자유로우며 주로 장음의 음절에 강세가 표시된다. 악센트의 위치가 고정되어 있지 않고 격과 수 등에 따라 위치가 변한다. 리투아니아어는 일종의 성조어라고 할 수 있는데, 모두 3성이 있으며 각 톤에 따라서 의미가 달라지는 언어이다. 성조는 상승 악센트(ˊ), 하강 악센트(ˋ) 그리고 만곡 악센트(~)로 표시된다. 악센트는 톤의 유무에 의해 분류되는데, 톤이 있는 악센트는 긴 음절에만(예, a), 없는 악센트는 단 모음에만 온다(예, b).

(2)   a. ja ˋutiena(야우티에나) b. jaû(여우)

"a, e, i, u"를 제외한 모든 모음은 장모음이지만 이들 모음도 라트비아어와 유사하게 모음에 꺾쇠나 장음 부호를 표기하여 장음화가 될 수 있다. 대부분의 자음은 구개음화된 표기형을 보유하고 있어서 음운현상이 발음이 아닌 독립된 음운으로 표기되는 독특한 모습을 보이고 있다. 구개음화된 자음은 해당 자음에 "j"가 표시된 것이다.(예를 들어 단독자음 "p"의 구개음화된 표기형은 "pj"이고 이중자음 "ts"의 구개음화형은 "tjsj"로 각 자음에 "j"가 첨가되었다.) 구개음화가 단어의 의미를 변화시키기도 한다. 예를 들어 "anglu"이라는 단어는 구개음화되지 않은 발음으로는 [aːŋgluː]이고 "영국인"이란 뜻인데 구개음화된 발음으로는 [aːŋjgjljuː]이고

"석탄"이란 전혀 다른 뜻으로 탄생한다.

또한 접미사와 단어의 의미를 축소시키는 축소형 표기 Diminutive가 상당수이며 각 단어의 어간 뒤에 첨가되는 형태를 이루고 있다.

에스토니아어와 마찬가지로 명사에 성이 존재하나 남성과 여성의 2가지 성만 있다. 하지만 성을 인식하게 할 수 있는 관사는 존재하지 않는다. 대신에 명사의 어미에서 성을 구별할 수 있다. 다음 표는 여성과 남성에 전형적인 어미형태들이다.

(3)

	여성		남성
-a	mótina(엄마)	-as	výras(남자)
-ia	ponià(여자)	-ys	arklys(말)
-is	móteris(여자)	-us	sūnùs(아들)
-uo	sesuõ(여자 형제)	-ius	dainius(남자 가수)
-ė	mergáitė(소녀)	-uo	mėnuo(월)

이러한 문법적 특징은 거의 모든 외래어나 차용어에도 정확히 반영되어 있는데 발음뿐만 아니라 단어의 어간에 성별 표기 어미를 부착시키는 등 순수 리투아니아식 문법화를 준수한다. 하지만 리투아니아에서 외래어는 소수에 불과하다.

각 명사들이 성을 가지고 있는데, 남성명사와 여성명사들이 그것이다. 남성명사의 경우, '-as, is, us, ys' 등의 어미가 붙고, 여성의 경우 '-a, e' 등을 붙여서 성을 나타낸다. 리투아니아어 버전이 존재하지 않은 외래어의 경우, 모두 '-as' 어미를 붙여서 리투아니아어를 만든다. 리투아니아어는 변화가 많고 각 변화마다 각각의 뜻을 부과하며, 어미변화가 아주 중요하기 때문에 그 어미가 없으면 한마디로 말을 할 수 없다.

형태 · 통사론적으로 리투아니아어는 강한 굴절어이고 라틴어, 고대그리스어나 산스크리트어와 유사하게 아주 논리적으로 구성되어 있다. 특히 격표시를 위해서 각각의 격에 고정된 어미를 부착시키고 수식하는 형용사와 명사를 수식되는 명사 앞으로 자유롭게 이동시키거나 교차시킬 수 있다. 흥미롭게도 한국어와 같이 거의 무제한적으로 소유격 사용이 가능하여 수식어 역할을 일임하고 있다. 소유격 외에도 격표시는 주격, 여격, 대격, 조격, 처소격 등의 형태소가 각각 있으며, 이중 처소격은 몇몇 방언에서 이동격, 위치격, 향격의 3가지 격으로 나뉠 수 있다.

(4)　a. gĕras draũgas(좋은 남자 친구가, 주격)

　　　b. namas(집) → name(집에서, 6격 장소격)

리투아니아어에 특유한 명사의 성격으로는 명사의 어형 변화가 이 명사의 수에 따라 달라진다는 점이다. 즉, 해당 명사의 숫자가 하나인 경우는 주격 단수형을, 2~9인 경우는 주격 복수형을, 10 이상이거나 셀 수 없는 수량 표시인 경우는 소유격 복수형을, 21인 경우는 20+1로 다시 주격 단수형을 쓰는 특성을 보여준다.

리투아니아어의 동사와 형용사도 어형 변화를 보여준다. 동사는 과거, 현재, 미래의 전형적인 시제형과 과거에 반복된 행동을 표시하는 반복시제형을 보유하고 있으며 이들 시제형의 변화는 규칙적으로 이루어진다. 접속법은 과거형에 분사가 결합되어 나타나고 모두 4가지 형태의 완료형은 문어체에서만 자주 쓰인다. 동사의 현재, 과거, 기본형은 다음과 같다

(5)

현재형	과거형	기본형
kala	kalė	kalti(때리다)
mato	matė	matyti(보다)

동사는 인칭과 수에 따라 다음과 같은 활용형을 가지고 있다.

(6)　aš gyvenù　　tù gyvenì

　　나는 산다　　너는 산다

(7)　jìs / jì dìrba　　mēs dìrbame　　jiē / jõs dìrbate

　　그 / 그녀는 일한다　　우리는 일한다　　그들은 일한다

문장의 어순은 영어와 같이 주로 주어, 동사, 목적어 순이지만 강조하는 대상, 즉 포커스에 따라 순서가 달라지는 비교적 자유로운 어순을 가지고 있다. 이것은 위에서 언급한 대로 다양한 격표시를 하는 형태소 때문에 이동된 명사의 문장성분을 파악하는 데 큰 어려움이 없는 탓이기도 하다. 의문사는 문장 앞에 두어야 하고 전치사나 수식어는 일반적으로 소속 명사 앞에 놓는 것이 원칙이다.

리투아니아어의 대표적인 방언으로는 서쪽 지방의 저급리투아니아어Schemaitisch와 그 외의 지역에서 주로 통용되는 고급리투아니아어Aukštaitisch가 있다. 두 방언의 격차는 비교적 큰 편이어서 특히 고급리투아니아어 사용자들은 저급리투아니아어를 잘 이해하지 못한다. 현재 표준어로 공인된 리투아니아어는 고급리투아니아어에 기반을 두고 있으며 발음은 수발키아Suvalkija 지역의 남부 고급리투아니아어에 가장 근접하다.

고급 리투아니아 방언은 문어체로도 1795년까지 리투아니아에 속했으며 지금도 수만 명의 리투아니아인들이 거주하고 있는 폴란드 북동쪽 도시 수바우키Suwalki 지역의 방언보다 더 많이 쓰이고 있다.

벨라루스의 북서쪽에도 이 지역의 소수 사람들이 쓰고 있는 몇 개의 리투아니아 방언 지역(Zietela, Gervéciai, Lazunai)이 있는데, 이 방언들 모두 리투아니아어의 고대 원형을 잘 보존하고 있다. 그 예는 고대 원형에서 볼 수 있는 4개의 처소격조사가 잘 보유되어 있는 점이다. 또한 이 방언들의 상당수가 슬라브어 숙어의 영향을 받았다.

리투아니아어에 대한 최초의 학술연구는 프라그 대학 언어학 교수 아우구스트 슐라이허August Schleicher가 1856/57년에 저술한 리투아니아어 교본("Handbuch der litauischen Sprache")이 손꼽히고 있다. 이 교본에서는 슐라이허 교수가 동프로이센에서 배운 프로이센어식 리투아니아어를 기술하고 있다. 그 밖에 아우구스트 레스킨August Leskien과 칼 브루크만Karl Brugmann이 공동 연구한 리투아니아 동화와 민요 모음집이 있다.

언어사용

리투아니아는 인접국 라트비아와는 인종적으로 뿐만 아니라 언어적으로도 유사하다. 기록에 의하면 리투아니아는 기원전 3000년 전 지금 거주지로 이주했으며 당시에는 지금의 모스크바와 키에프 지역까지 포함된 넓은 지역에 거주했다. 리투아니아 국가는 중세에 건립되었으며 문자어로 동슬라브어를 사용하였지만 상당수에 이르는 리투아니아 어휘를 공용하였다.

근대 리투아니아인들은 발트족으로부터 비롯되었는데 주요민족으로는 리투아니아인(81.3%), 러시아인(8.4%), 폴란드인(7.0%)이 포함되며 19세기 말에서 20세기 초와 2차 세계대전 중 주로 정치적 · 경제적 이유로 이주한 리투아니아의 유태인 이주자들이 지금까지도 발트 국가 민족들 중에서 가장 큰 비중을 차지하고 있다.

다른 발트 국가들과 마찬가지로 소련의 점령 기간 동안은 러시아어가 가장 널리 사용된 언어였지만, 리투아니아어가 러시아어보다 우위의 1차 공용어로 인정받아 함께 사용되었다는 점에서 리투아니아는 다른 국가들과 차별성을 가진다. 따라서 러시아어 사용자도 라트비아와 에스토니아어에 비해 적다. 현재 리투아니아공화국에서는 리투아니아어의 순수성을 지키기 위하여 국회의 모국어위원회가 직접 이를 책임지고 있으며, 외래어 표기나 개념, 발음 등을 조정하고 있다. 하지만 차용어와 고유명사도 지나치게 리투아니아어 발음 표기를 고집하는 바람에 논란의 여지를 주고 있다.

1988년 11월 리투아니아어가 공식 언어로 채택되었고, 국가공무원은 수년 내 리투아니아어를 할 줄 알아야 한다는 규정을 제정하였다. 그러나 소수민족이 주로 거주하는 지방에서는 리투아니아어와 함께 그 민족의 언어 사용도 허용하였다. 러시아어도 공용어로 사용된다.

1) 오늘날의 지리적 관점에서 관찰하면, 폴란드가 리투아니아의 남쪽에 위치하고 있지만, 폴란드 자체가 독일과 러시아의 세력다툼의 장이 되었을 뿐만 아니라, 역사적으로 발트3국에 대한 독일기사단의 영향이 지대한 점을 간과할 수 없다.(붕크세 1994: 7)

2) 이와 관련해서 흥미로운 것은 발트국들의 민속문화가 역으로 헤르더에게 영감을 주어 여성들을 포함한 평민들의 문화와 역사가 영주, 왕 그리고 대사상가나 예술인들의 문화와 역사만큼이나 연구되고 주목받을 가치가 있다는 계몽주의의 사상을 잉태하였다는 붕크세(1994: 5)의 주장이다.

3) http://www.panoramio.com/photo/20844295
   http://de.wikipedia.org/wiki/Viljandi_Folk_Music_Festival Stand: 2010.05.22

4) 18세기 후반과 19세기 초반에 독일이민계열이나 토착 에스토니아인으로 독일어를 사용하면서도 에스토니아의 언어, 문화, 문학, 역사 등에 관심을 갖고 이를 기록하고 장려하는 활동을 한 자들을 일컫는다.

5) 1838년 타르투에서 펠만을 포함하여, 법학 교수인 프리드리히 게오크 폰 붕에Friedrich Georg von Bunge 등 모두 5명에 의해 창립된 에스토니아의 가장 오래된 학술단체이다.

6) http://de.wikipedia.org/wiki/Lettische_Mythologie Stand: 2010. 04. 24 Keine Feier oder Hochzeit, kein Johannis- oder Erntefest, ja, keine Arbeit, ob auf dem Felde oder am Spinnrad daheim, geschieht ohne das Singen von Liedern.

7) 독일어 명칭은 Düna로, 오스트제Ostsee에 이르는 1,020km의 강이다.

8) 러시아 내전 기간 발트국가에서 활동한 독일과 러시아 국적을 가진 12,000여 명으로 이루어진 반혁명부대로, 사령관인 파벨 베르몬트-아발로프Pavel Bermondt-Avaloff를 따라서 베르몬트인들이라고도 불린다.

9) http://www.apollo.lv/portal/life/2283/articles/128039 Stand: 2010. 04. 30.

http://www2.la.lv/lat/latvijas_avize/jaunakaja_numura/gimene.. veseliba/?doc=56880 Stand: 2010. 04. 30

10) 당시 리투아니아에 속했던 Nowogródek 근교의 Zaosie에서 출생한 미키에비츠는 폴란드어 외에도 리투아니아어로도 작품 저술을 하고, 리투아니아를 자신의 조국으로 묘사하였다. 이 밖에도 리투아니아에서 출생한 폴란드의 유명작가로는, 정치적 망명 이후 미국 버클리 대학에서 근무한 1980년 노벨 문학상 수상 작가인 체슬라브 밀로쉬Czes law Mi losz를 들 수 있다.

11) http://de.wikipedia.org/wiki/Pan_Tadeusz

Litauen, du meine Heimat, du bist wie die Gesundheit. Nur wer diese verloren hat, weiss das Verlorene zu schätzen.

12) http://www.15min.lt/naujiena/aktualu/lietuva/kaip-ieskoti-paparcio-ziedo-56-46304

http://www.efoto.lt/node/236211

13) 물론 이중에서 역사적으로 독일기사단의 초기 정착지이자 근거지였던 리가가 수도인 라트비아가 훨씬 더 명확하고 강한 내용을 보여주고 있다.(앞에서 언급된 두 민족서사시의 내용 참조) 이는 현재의 발트3국 가운데서 가장 흔들리고 있는 것으로 분석되는 라트비아의 국가 정체성과도 관련의 개연성이 높을 것이다. Mežs et al.(1994: 15, 17)에 따르면, 라트비아인들은 유럽에서 2차 세계대전 발발 전의 인구를 회

복하지 못한 유일한 민족이기도 하고, 민족적 동일성Ethnische Homogenität과 관련해서도 라트비아가 가장 낮으며 리투아니아가 가장 높다. 그 외에도 라트비아의 원주민인 리브인은 오늘날 유럽에서 가장 소수민족 집단이다.(Vgl. Mežs et al. 1994)

14) 에스토니아는 핀-우그르어족의 사냥꾼과 어부들이 에스토니아에 이주한 것으로 전해진다. 중세에는 리브란트에 이어서 러시아와 독일기사단, 스웨덴, 폴란드의 분쟁지역이었다.

15) 라트비아 해안가에 위치한 리보니아 지역의 주민들(리브인들)이 사용했던 언어도 핀-우그르어족의 한 갈래였다. 지금은 사어가 되었지만 이 언어는 현재의 라트비아어와는 상이한 별개의 언어이다.

16) 엄밀히 말해서 굴절 교착어에 속한다.

17) 에스토니아어는 대격어Akkusative Sprache이지만 현재 대격은 소유격으로 전환하여 쓰고 있다.

18) 라트비아어는 게르만어와 슬라브어, 스칸디나비어어 등의 영향으로 리투아니아어와 같은 언어적 가치는 많이 사라졌고, 현재는 리투아니아 사람과 의사소통이 어려울 정도로 달라졌다. 대부분의 단어가 리투아니아어와 어원이 다르기 때문에 같은 어군으로 생각하기 어렵다. 하지만 동사활용이나 분사, 명사, 형용사 변화 등은 리투아니아어와 비교적 동일한 행태를 보여주고 있다.

19) 7가지 격은 태고의 인도유럽어에서도 찾아볼 수 있다.

참고문헌

Archenholz, Bogislaus v.: Die verlassenen Schlösser. Ein Buch von den
    großen Familien des deutschen Ostens. Frankfurt/M. Berlin
    1992(Ullstein)

Bertelsmann, Gütersloh(2001): Alle Länder dieser Erde. Band 2,
    Sonderausgabe in 2 Bänden, Readers Digest (Hg), München, S.856

Bunkśe, Edmunds V. (1994). Baltic Peoples, Baltic Culture, and Europe.
    GeoJournal 33, 5-7

Christophe, Bernardo(2002): Lettisch - Wort für Wort. Reise Knowhow
    Verlag

Frömel, Susanne (2007): Und wer nicht singt, der küsst. GEO Special Nr.
    4, 78-84

Grönholm Irja (2002): Estnisch - Wort für Wort. Reise Knowhow Verlag

Höh, Peter und Rainer: Baltikum-Handbuch Litauen, Lettland, Estland.
    Bielefeld 1992(P. Rump)

Jähnert Karrin(2007): Litausch - Wort für Wort. Reise Knowhow Verlag

Jahrbücher des baltischen Deutschtums, herausgegeben von der Carl-
    Schirren-Gesellschaft e.V., Lüneburg

Körner, Sten: Schweden-Estland-Lettland. Unsere gemeinsame
    Geschichte, Gotland 1991(Landesarchiv in Visby)

Meissner, Boris: Die baltischen Nationen. Estland, Lettland, Litauen.
    Köln 1990(Markus)

Mežs, Ilmárs; Bunkśe, Edmunds & Rasa, Kaspars (1994). The Ethno-Demographic Status of the Baltic States. GeoJournal 33, 9-25

Nielsen-Stockeby, Bernd: Baltische Erinnerungen. Estland, Lettland, Litauen zwischen Unterdrückung und Freiheit. Bergisch Gladbach 1990

Rauch, Georg v.: Geschichte der baltischen Staaten. Müchen 1990. Ein Klassiker, was die Geschichte bis zur neuen Selbständigkeitbetrifft

Taube, Arved Freiherr v., und Thomason, Erik: Die Deustschbalten. Lüneburg 1973

Taube, Arved v.(Hrsg.): Deutsche Männer des Baltischen Ostens. Berlin 1943

Wittram, Reinhard: Baltische Geschichte. Die Ostseelande Livland, Estland, Kurland 1180-1918. München 1954

대외경제정책연구원, 2004년 EU 확대와 유럽경제의 변화, 2003
변광수 편저, 세계주요언어, 도서출판 역락, 2003
서진석, 발트3국 잊혀졌던 유럽의 관문, 살림출판사, 2007
이종원, 최신 EU론, 도서출판 해냄, 2001

공식 국가 웹 사이트
　　에스토니아 www.riik.ee
　　라트비아 www.latvija.lv
　　리투아니아 www.lrv.lt

www.europa.eu
www.wikipedia.org

아래의 관련 인터넷 자유 백과사전 비키페디아Wikipedia 독일어판

http://de.wikipedia.org/wiki/Estnische_Mythologie Stand: 2010.04.25

http://de.wikipedia.org/wiki/Kalevipoeg. Stand: 2010.04.24

http://de.wikipedia.org/wiki/Linda_(Estnische_Mythologie) Stand: 2010.04.25

http://de.wikipedia.org/wiki/S%C3%A4ngerfest_(Estland) Stand: 2010.04.24

http://de.wikipedia.org/wiki/Mittsommerfest Stand: 2010.04.30

http://de.wikipedia.org/wiki/Baltische_Mythologie Stand: 2010.04.24

http://de.wikipedia.org/wiki/Lettische_Mythologie Stand: 2010.04.24

http://de.wikipedia.org/wiki/L%C4%81%C4%8Dpl%C4%93sis Stand: 2010.04.24

http://de.wikipedia.org/wiki/Mittsommerfest Stand: 2010.04.30.

http://de.wikipedia.org/wiki/Litauische_Mythologie Stand: 2010.04.26

http://de.wikipedia.org/wiki/Vilnius Stand: 2010.04.25

http://de.wikipedia.org/wiki/Adam_Mickiewicz. Stand: 2010.04.25

http://de.wikipedia.org/wiki/Mittsommerfest Stand: 2010.04.30

http://de.wikipedia.org/wiki/S%C3%A4ngerfest_(Baltikum) Stand: 2010.04.30

http://de.wikipedia.org/wiki/Singende_Revolution Stand: 2010.04.23

http://de.wikipedia.org/wiki/Singende_Revolution Stand: 2010.04.23

http://latviasfriend.blogspot.com/2007/05/legend-of-15th-century-founder-of-riga.html Stand: 2010. 04.30

http://de.wikipedia.org/wiki/Bermontians Stand: 2010.04.30.